Kendra Adachi

Traduit de l'anglais (américain) par Delphine Billaut

Le pouvoir de la flemme

ou comment décider de ses priorités
et envoyer valser le reste !

SOLAR

Sommaire

Introduction

Je ne fais pas partie de ces mères qui jouent avec leurs enfants. Ça m'arrive, mais je ne trouve aucun plaisir à faire tomber des piles de cubes vingt fois de suite, même si cela amuse mes enfants[1].

Heureusement, mon mari est ce genre de père. Il y a quelques étés de cela, alors que nous étions à la plage en vacances, il a eu un succès fou. Il avait creusé un immense trou dans le sable, si profond qu'il fallait se pencher pour en voir le fond. Puis, avec l'enthousiasme d'un animateur de cirque, il a demandé à nos trois enfants de faire des allers-retours jusqu'à l'océan avec des seaux pour remplir ce trou le plus vite possible.

Sans s'arrêter, ils ont porté et vidé leurs seaux, encore et encore, mais le trou ne se remplissait pas.

Chaque goutte s'infiltrait dans le sable. Ils ont redoublé d'efforts. Comme mes enfants sont aussi adorables que toqués, ils ont trouvé ça drôle et ont joué le jeu assez longtemps – en réalité, jusqu'au moment où une volée de mouettes agressives est devenue plus intéressante.

1. J'en ai trois, soit dit en passant. Sam est en CM1 et ne jure que par *Minecraft*, Ben est en CE1 et ne jure que par l'idée de peindre *La Joconde*, et Annie est en maternelle et ne jure que par moi.

Alors qu'ils couraient après les oiseaux pour les chasser, j'ai vu les seaux abandonnés autour du trou vide et me suis rendu compte que j'avais devant moi une métaphore de ma vie. Peut-être aussi de la vôtre.

Voilà comment nous fonctionnons, nous les femmes[2]. Nous choisissons un endroit sur la plage pour y creuser un trou, vérifions si les femmes autour de nous ont trouvé des emplacements similaires (ou, gloups, *meilleurs*), et essayons de ne pas nous laisser distraire par leur patience maternelle et leurs corps en bikini. Nous commençons à creuser, en espérant que notre trou soit assez profond et orienté dans la bonne direction. Où cela mène-t-il ? Aucune idée, mais peu importe. Tout le monde creuse, alors nous creusons.

Il est ensuite temps de commencer à remplir ce trou. Seau après seau, nous transportons notre « eau » – calendriers à codes couleur, tâches de parents d'élèves, menus de la semaine, équilibre vie pro-perso. C'est lourd. Nous faisons des efforts. Nous transpirons. Et le trou ne se remplit pas. Soudain, la confusion nous gagne. *Est-ce que quelqu'un d'autre a ce problème ? Est-ce que mon trou est trop profond ? Et où part toute cette eau ?*

Nous reprenons notre souffle, en nous demandant si les autres femmes ont, elles aussi, l'impression d'être des ratées finies. Personne ne peut avoir une maison propre, un travail épanouissant, une famille parfaite et une vie sociale active tout en faisant vingt-cinq kilomètres de jogging par semaine, si ?

---

2. Si vous faites partie de la gent masculine, veuillez considérer ceci comme un moyen de mieux comprendre le fonctionnement de nombreuses femmes et la pression sociétale qu'elles ressentent. Merci par ailleurs de lire ce livre. Je préfère vous prévenir, je n'aurai aucun scrupule à y employer partout des pronoms féminins.

Sans ouvrir la bouche, nous nous disons : « Non, ça vient juste de moi. Il faut que je remédie à ça. » S'ensuit le téléchargement d'une pléthore d'applications pour suivre nos « bonnes habitudes », de multiples remaniements de plannings, des recherches poussées dans les arcanes d'Internet pour découvrir comment faire mieux, jusqu'à rentrer en burn-out émotionnel ou carrément succomber à une fatigue surrénale, ou bien abandonner et retourner à la maison pour nous servir un verre de vin additionné d'une bonne rasade de honte.

Tchin ?

La vraie raison de votre fatigue

Vous n'êtes pas fatiguée parce que le linge prend plus de place sur le canapé que les membres de votre famille, parce que personne à la maison ne donne l'impression de se soucier de vos deadlines professionnelles, ni parce que le nouveau règlement de la garderie stipule que « au goûter, les grains de raisin devront être coupés en quatre ». Votre to-do list est longue, mais vous savez qu'elle n'est pas la seule responsable de votre état.

Vous êtes « au taquet » en permanence : vous essayez d'être présente pour vos proches, vous gérez les émotions de tout votre entourage, vous absorbez les énergies et les besoins invisibles de tous les inconnus qui font la queue au bureau de poste et vous essayez de combler les vôtres avec ce qui vous reste – si tant est que vous sachiez quels sont ces besoins.

C'est trop. Ou peut-être avez-vous l'impression que vous n'arrivez pas à gérer parce que vous n'avez pas lu le bon livre, écouté le bon podcast ou trouvé le bon système.

Je connais ce sentiment. J'ai passé un nombre incalculable d'heures à chercher les bons outils pour avoir la sensation de contrôler ma vie. J'ai à mon actif un grand nombre de plannings abandonnés et de livres de développement personnel surlignés. Attention, spoiler : ils n'ont été d'aucune aide.
D'un côté, j'avais l'impression qu'il me fallait faire un copier-coller de ce que faisaient ces auteurs, alors que je n'aime pas me coucher tôt et que je ne parcours pas le pays pour donner vingt conférences par an.
D'un autre côté ? « Vivez vos rêves, les filles. » Apparemment, ce n'est pas ma to-do list qui posait problème, mais ma manière de donner trop d'importance au quotidien.
Et pourtant, j'ai surligné des dizaines de passages dans ces livres et essayé, tel MacGyver, de bricoler une espèce de marche à suivre qui me conviendrait. Trouver le bon équilibre entre astuces et citations inspirantes me permettrait sans doute de ne plus ruminer mes soucis au beau milieu de la nuit. Cependant, malgré les livres, les citations, les plannings, j'étais toujours fatiguée. Peut-être lisez-vous également ce livre parce que vous vous sentez, vous aussi, épuisée.
J'ai une bonne nouvelle. Inutile d'établir une nouvelle to-do list : il vous faut plutôt *adopter une nouvelle approche.*

Pourquoi simplifier ne fonctionne pas

C'est la solution la plus courante que l'on vous propose lorsque vous vous sentez submergée : simplifiez. Faites-en moins, limitez, allez moins sur Instagram. Réduisez vos obligations, déléguez, dites non. Mais on vous dit aussi : prenez des cours de yoga, rejoignez un club de lecture, faites pousser

des variétés anciennes de tomates. Préparez vous-même les petits pots de votre bébé, lancez le projet de vos rêves et sortez régulièrement avec votre conjoint si vous voulez que votre mariage dure. Où est la simplicité ? À mes yeux, concilier vie de couple, entrepreneuriat et jardinage sont hautement compliqués.
Quelqu'un saurait-il me dire quelles devraient être mes priorités pour simplement vivre ma vie ?
Voilà pourquoi simplifier est tout sauf simple. Personne n'est en mesure de nous dire comment vivre.
Il nous faut un filtre qui nous permettrait de nous concentrer seulement sur ce qui nous tient à cœur, et non sur ce que le monde pense important pour nous.
Pour cela, laissez-moi vous initier au pouvoir de la flemme.

Comment lire ce livre

Votre nouvelle devise : investissez-vous plus pour les choses qui vous importent, et faites-en moins pour les choses qui ne sont pas importantes à vos yeux.
À mesure que les circonstances de la vie changent, les besoins et les priorités évoluent. Ce livre sera pour vous un support durant l'ensemble de ces transitions, vous fournissant des conseils et de précieux outils pour accorder de la place à ce qui compte.

Votre nouvelle devise : investissez-vous plus pour les choses qui vous importent, et faites-en moins pour les choses qui ne sont pas importantes à vos yeux.

Chaque chapitre est consacré à un principe de ma méthode, avec des idées d'applications immédiates. Un seul principe aura déjà un effet tangible sur votre quotidien, mais si vous mettez en œuvre les treize, ils vous permettront d'élaborer des solutions personnalisées à vos problèmes et d'identifier les points qui ne sont pas vraiment prioritaires.

N'hésitez pas à feuilleter rapidement cet ouvrage pour repérer les étapes pratiques et les pistes concrètes. Puis, quand vous aurez le temps, approfondissez la lecture à mesure que vous libérerez de la place pour être davantage vous-même.

Je vous encourage à reprendre ce livre chaque fois que vous aurez l'impression de foncer dans le mur, quand une transition se profilera, ou quand vos responsabilités commenceront à vous peser.

Vous pourrez goûter à une vie qui laisse place à la réussite comme aux difficultés, à l'énergie comme à l'épuisement, à une maison propre mais aussi à des dîners bâclés. Tout cela importe, parce que cela vous appartient.

Vous allez apprendre des techniques plus efficaces pour vous occuper du linge, terminer des projets ou préparer le dîner. Formidable ! Mais au-delà de l'aspect pratique, vous pourrez goûter à une vie qui laisse place à la réussite comme aux difficultés, à l'énergie comme à l'épuisement, à une maison propre mais aussi à des dîners bâclés. Tout cela importe, parce que cela vous appartient.

Que vous soyez mère au foyer avec de jeunes bambins, en train de viser un poste de direction, seule, occupée ou que vous vous ennuyiez, cet ouvrage vous aidera à identifier ce qui est important, à laisser tomber ce qui ne l'est pas, et à faire le tri pour avancer tout en gardant votre tranquillité d'esprit.

Comment libérer le pouvoir de la flemme

Dans mon premier emploi, un grand nombre de mes collègues me connaissaient depuis l'adolescence, mais j'étais désormais adulte, avec un mari et un travail.

J'avais envie de montrer que j'avais ma place parmi eux.

Une fois par mois, nous avions une réunion matinale, et, tour à tour, un employé apportait le petit déjeuner pour tout le monde. La plupart du temps, c'étaient des muffins achetés en supermarché et de la salade de fruits, et je me disais : « Je peux faire mieux que ça. »

J'ai finalement proposé de prendre mon tour, non pas par gentillesse, mais parce que je voulais que *mon* petit déjeuner soit au top. J'ai honte de vous avouer un tel orgueil... Car, perfectionniste et fière de l'être, j'étais obsédée par la perspective de marquer des points, de ne pas échouer, d'impressionner. Comparaison et orgueil sont méprisables, mais que voulez-vous ?[3].

La plupart des collègues s'organisaient par groupe de deux pour apporter leurs victuailles, mais non, madame, pas moi. Je serais la seule reine de la fête.

---

3. Désolée, c'est mon côté rabat-joie qui ressort.

Je me disais que seuls les gens faibles et sans ambition demandent de l'aide. Ceux qui veulent paraître totalement confiants, même s'ils n'en mènent pas large intérieurement, se débrouillent seuls.

Je visais la perfection, et pas seulement en cuisine. Malgré le fait que mon mari et moi étions fauchés, je me suis offert quelques plats hors de prix pour que mes préparations soient mises en valeur. J'ai acheté une nappe en lin : celles en plastique auraient gâché ma présentation. J'ai aussi investi dans une de ces fontaines à boissons que l'on voit dans les magazines de décoration, parce que la perfection ne tolère pas que l'on serve à boire dans des pichets en plastique. Fleurs fraîches, jolies serviettes – vous voyez le tableau.

Pour le menu, j'ai repensé à un petit déjeuner que nous avions dégusté quelques semaines plus tôt chez des amis. Tout le monde avait été conquis par un pain perdu fourré : doré et fondant à la fois, il avait tout pour remporter la palme du meilleur petit déjeuner au monde. Un choix idéal. Mais voilà le hic : je ne savais pas comment préparer le pain perdu fourré. Je savais faire une bolognaise passable et j'étais en bonne voie de parvenir à confectionner des cookies aux pépites de chocolat quasi parfaits, mais mes talents culinaires étaient assez restreints. Peut-être que si j'avais suivi une recette, les choses se seraient déroulées autrement.

Hélas, à l'époque, j'étais convaincue que les recettes étaient, elles aussi, faites pour les faibles. J'ai donc entrepris de réaliser non pas une, mais deux sortes de pains perdus fourrés pour trente personnes, sans aucune indication.

Au cas où vous ne sauriez pas en quoi consiste ce dessert, laissez-moi vous éclairer. En gros, vous préparez un sandwich avec un pain de type brioché. Vous tartinez l'intérieur avec quelque chose de bon, comme de la confiture ou, de la pâte à tartiner. Puis, vous trempez cela dans un appareil composé d'œuf, de sucre et de lait entier avant de le faire revenir dans du beurre jusqu'à ce que le pain soit doré et croustillant. Enfin, vous arrosez d'un filet de sirop d'érable ou saupoudrez d'un peu de sucre glace. Vous verrez, vous aurez envie d'en manger à la pelle tellement c'est bon.

Voici comment moi j'ai procédé.

Pour la première version, j'ai tartiné de la confiture sur des tranches de pain de mie, puis j'ai empilé ces dernières sur une plaque de four. Fin de la recette.

Pour la seconde version, j'ai préparé des sandwichs avec du fromage frais, de la gelée de framboises et le même pain de mie, et je les ai également empilés.

Puis, j'ai tout mis au four. *À griller.*

Pas un œuf ni un morceau de beurre en vue. J'ai simplement réchauffé des sandwichs bizarres en me prenant pour un cordon-bleu. Quand je les ai sortis, j'ai remarqué qu'ils n'étaient pas tout à fait comme chez mes amis, mais c'était peut-être le signe qu'ils étaient encore mieux réussis ! Je les ai découpés en triangles et disposés dans mes jolis plats. La cerise sur un piteux gâteau.

Une heure plus tard (je frémis en repensant à la tête que mes pains perdus devaient avoir), la réunion de travail a commencé. Je m'étais assise au fond de la salle sans attirer l'attention, non pas par embarras mais parce que je voulais cacher à mes collègues que *j'avais envie qu'ils sachent* que j'étais l'auteure de ce chef-d'œuvre culinaire.

Je me suis installée à une table et j'ai regardé mes amis et collègues faire la queue pour se servir, en attendant « humblement » les compliments.

Inutile de vous dire qu'ils ne sont jamais venus.
Ce petit déjeuner était mauvais. Vraiment infâme. Je me souviens encore de la déception générale, mais aussi de la gêne quand chacun s'est refilé la tâche de remercier le mystérieux cuisinier pour ce repas qui les laissait sur leur faim. Cela aurait peut-être été exagéré de démissionner après ce fiasco, mais j'en ai eu envie. Je me suis sentie humiliée. J'avais essayé d'impressionner, de montrer à tout le monde que je pouvais tout faire : dresser une belle table, préparer un repas parfait – et recevoir des compliments avec humilité. Au lieu de ça, j'ai sans doute empoisonné quelqu'un. *Je m'étais trop concentrée sur les mauvaises choses.*
Au cas où vous vous poseriez la question : ce n'est pas du tout comme cela que fonctionne ma méthode.

S'épuiser à trop en faire

Quand une chose est importante pour vous, vous essayez de la faire correctement. Quand tout compte, finalement *rien* ne peut être bien fait, ce qui vous incite à redoubler d'efforts. Et c'est à ce moment que la fatigue arrive.
Si vous faites partie de cette équipe, il est probable que tous vos efforts échouent lamentablement, comme c'est le cas pour moi. Nous avons conscience de ne pas être capable de tout faire, mais nous tentons malgré tout. Durant ces dix dernières années, j'ai suivi un bon nombre de thérapies et j'ai beaucoup réfléchi aux raisons pour lesquelles j'étais convaincue qu'il me fallait être parfaite à tous les niveaux.
Chaque histoire est différente ; la mienne comprend des maltraitances. (Oui, c'est abrupt. Maintenant, vous savez que j'entre très vite dans le vif du sujet.) Mon père et ma vie

de famille étaient imprévisibles. Petite, j'ai appris que mes choix avaient une incidence sur ma sécurité. Si je restais sage, que j'avais de bonnes notes et que je rangeais ma chambre, mon père ne se mettait pas en colère. Mon comportement n'était pas toujours en corrélation directe avec ce principe, mais, dans mon esprit, il l'était. Pour moi, « sécurité » était synonyme de « valeur » et d'« amour », et par conséquent, mes choix étaient la seule façon de mesurer ma valeur. Pour avoir ma place, je devais être une fille parfaite, une élève parfaite, une amie parfaite.

Je faisais tout mon possible pour être à la hauteur, mais mon père ne cessait de me dire de mieux faire. Je ne me sentais bonne à rien, ne comprenais pas pourquoi mon père aurait voulu que j'aie les cheveux blonds plutôt que bruns, pourquoi il n'attendait que des vingt sur vingt mais ne me félicitait jamais quand j'en avais, ni pourquoi lui et ma mère étaient si insatisfaits. Évidemment, je croyais que le problème venait de moi, que je ne faisais pas suffisamment d'efforts ou que je n'étais pas assez parfaite pour que notre famille soit heureuse. Ce sentiment d'être une incapable me submergeait, et il a fait son chemin au sein d'autres relations.

J'étais l'élève préférée de tous mes professeurs. Je faisais mes devoirs sans tarder et sans aucune faute. J'étais l'élève la plus fiable, à qui l'on confiait des responsabilités, et j'obtenais des résultats quasi parfaits à toutes les évaluations. Aucun écolier n'atteint la perfection, mais je m'en approchais de très près, convaincue que c'était la seule façon d'être aimée.

J'ai aussi essayé d'être l'amie idéale. Je ne faisais pas de vagues, gardais mes problèmes pour moi, me comportais comme un caméléon. Personne ne savait que j'avais honte que mes parents soient divorcés, que j'aspirais plus que tout au monde à être jolie, ou qu'à la moindre erreur je sombrais. Je croyais que si mes amis voyaient mes défauts et mes difficultés, cela mettrait notre relation en péril, et ce n'était pas envisageable. C'est tout le paradoxe de la perfection : les murs qui vous évitent de dévoiler vos failles empêchent aussi les gens de vous connaître. Je me cachais constamment derrière ma perfection parce que je ne me pensais pas à la hauteur. Peut-être ressentez-vous cela, vous aussi.

Je ne veux pas me mêler de vos affaires, mais il est probable que vous éprouviez de la honte, de la peur ou un sentiment d'insécurité vis-à-vis de quelque chose et que vous déployiez beaucoup d'efforts pour essayer de le dissimuler. C'est notre lot à toutes parce que nous sommes humaines, sans forcément avoir été victimes de maltraitances étant petites. Tous les parcours de vie comptent, mais sachez qu'ils s'accompagnent souvent de croyances limitantes dont nous nous convainquons à propos de nous-mêmes. Vous, moi, la belle inconnue du supermarché, avons toutes un vécu qui nous incite à nous acharner dans la mauvaise direction. Et plus nous faisons d'efforts, plus ces croyances se renforcent.

C'est tout le paradoxe de la perfection : les murs qui vous évitent de dévoiler vos failles empêchent aussi les gens de vous connaître.

Tu fais trop de bruit et tu prends trop de place.

Tu n'es pas aussi douée que ta sœur.

Tu ressembles trop à ton père.

Tu n'es pas assez intelligente, pas assez jolie, pas assez svelte.

C'est de ta faute si elle est partie.

À l'âge adulte, ces pensées et ces sentiments de honte ne s'effacent pas. Ils changent simplement de forme.

Tu ne cuisines pas bien.
Comment peux-tu ne pas vouloir d'enfants ?
Tu travailles trop.
Tu ne dois pas bien t'y prendre pour être encore célibataire.
Tu es une mauvaise mère parce que tu laisses tes enfants regarder la télé.
Personne ne veut être ton amie.

Essayer d'impressionner, de vous cacher, ou de combattre la honte qui vous tiraille vous coûte davantage d'énergie que vous ne pouvez le supporter. Ajoutez à cela la pile de linge ? Vraiment…

Quand tous vos efforts sont vains, il ne semble plus rester qu'une solution : baisser les bras.

Des efforts insuffisants

Peu après la débâcle du petit déjeuner au travail, j'ai jeté l'éponge. Fini d'impressionner, fini de vouloir bien faire. Et je suis allée trop loin. Je me suis convaincue qu'il n'y avait que deux possibilités : faire tous les efforts du monde, ou ne pas essayer du tout. J'ai oublié que ce ne sont pas les efforts eux-mêmes qui posent problème. C'est magnifique de se donner de la peine pour des objectifs importants. Mais j'avais résolument choisi l'approche « jeter bébé avec l'eau du bain ». Même si l'une de mes plus grandes joies consiste à cuisiner pour les gens que j'aime, je commandais des pizzas quand des amis venaient parce que je me disais qu'un repas maison représentait trop de stress. Même si une maison calme et rangée est appréciable pour mon cerveau en constante ébullition, je laissais les pièces en désordre parce que faire le ménage représentait trop de travail.

Et, malgré cette approche, je me sentais *toujours* fatiguée. Je ne savais pas que l'on pouvait autant s'épuiser en ne faisant rien. L'apathie et le mode survie consomment autant d'énergie qu'instaurer des règles et viser la perfection. Pourtant, j'ai opté pour le « cheveux gras, ça ne me tracasse pas » pour cacher le fait que cela me tourmentait au plus haut point. Il me fallait quelque chose pour arrêter ce balancier fou qui ne cessait de passer de « je me soucie trop des mauvaises choses » à « je ne me soucie plus de rien ».

Vous n'avez pas à être parfaite, et vous n'avez pas à renoncer. Soyez simplement *vous*.

Heureusement, c'est ce que propose ce livre. Vous avez le droit de vous soucier de certaines choses. Vous avez le droit d'être vous-même – authentique. Vous n'avez pas à être parfaite, et vous n'avez pas à renoncer. Soyez simplement *vous*. Cessez de vous concentrer sur ce qui n'est pas important, mais n'ayez pas peur de le faire pour ce qui compte à vos yeux. Parce que c'est *important*.

Être authentique ne veut pas forcément dire en baver

Notre société est obsédée par le fait d'être authentique, mais il me semble que nous n'utilisons pas le bon outil pour juger de ce critère.

Alors que j'écris ces mots, mon benjamin est à la maison avec une gastro, et il est assis avec sa sœur dans le canapé devant la télévision, parce que je suis fatiguée de leur parler. Je n'ai pas pris de douche depuis deux jours et je me suis disputée avec mon mari. Si je partageais cela sur Instagram, vous vous diriez peut-être : « Je l'adore parce qu'elle est authentique ».

Mais si je montrais une journée où mes enfants et moi jouons au foot dans le jardin, où le dîner est déjà prêt à dix-neuf heures et où je suis maquillée ? Est-ce que je serais toujours authentique ?

Oui, et vous aussi.

Je suis tout à fait prête à ne plus viser la perfection, pour autant, à certains égards, on a maintenant tendance à associer « ordre » et « manque d'authenticité ». Cela m'arrive aussi. Une fois, j'ai vu au supermarché une jolie maman poussant son chariot empli d'enfants dociles et d'articles bobo ultra-chers, et j'ai pensé : « C'est sûr, elle a la ligne, ses enfants mangent du concombre plutôt que des chips et elle achète tout ce que je voudrais. Mais elle souffre probablement d'un trouble alimentaire et son compte en banque doit être dans le rouge, donc je m'en sors bien[4]. »

Je suis tout à fait prête à ne plus viser la perfection, pour autant, à certains égards, on a maintenant tendance à associer « ordre » et « manque d'authenticité ».

Je veux cesser de juger les femmes qui semblent s'en sortir, arrêter de me dire qu'elles ont quelque chose à cacher. Je ne veux plus me réjouir du chaos en le considérant comme le seul signe de sincérité.

Les batailles et les sujets d'insécurité des uns ne sont pas ceux des autres. Nous devons arrêter de chercher à être toujours plus authentique que tout le monde, car c'est à cause de cela que nous sommes toutes fatiguées. Mettons-y fin.

4. Si je pouvais ajouter des GIF à ce livre, vous verriez Jennifer Lawrence me lancer un regard noir.

Alors, la prochaine fois que vous vous surprendrez à chercher les failles lorsque vous verrez des gens apparemment parfaits, en espérant que cela vous fera du bien, cessez. Vous dire que vous valez mieux que l'autre est aussi néfaste que se croire inférieur. On ne mesure pas l'authenticité d'une personne à la rudesse de son combat.

Invitez plutôt des gens chez vous quand votre maison est sale, *mais aussi* quand elle est propre. Soyez une mère formidable qui crie parfois sur ses enfants. Appréciez un smoothie bio sans avoir besoin de renoncer pour toujours aux sucreries. Vous avez le droit d'être vous-même quand votre vie est en ordre *et* quand tout part à vau-l'eau. La vie est la merveilleuse association des deux.

Au taquet pour les choses qui comptent

Je ne vous connais pas personnellement, mais je sais ceci : vous voulez que votre vie ait du sens. Nous le voulons tous. Cela fait partie de nous. Et dans cette société où tout va très vite, il est naturel de se dire que ce sera facile. Mais il n'y a pas de raccourci menant vers cet objectif.

Il ne s'agit pas d'être toujours à fond ni de procrastiner mais plutôt de mêler une dose de combativité et d'astuce avec une dose de flemme et de sérénité.

Il y a quelques années, j'ai publié un épisode de mon podcast, *The Lazy Genius*, où j'ai montré comment faire son pain. J'ai reçu des dizaines de commentaires disant dans l'ensemble : « Ça ne me semble pas être une recette de la flemme. » Bien sûr que ça demande du travail. Mais déguster du pain fait maison est une chose qui *m'importe*. Pétrir la pâte à la main, la regarder lever tout l'après-midi et m'adonner à une activité que l'humanité pratique depuis des siècles... Pourquoi chercherais-je à me simplifier la vie ? Si manger du pain maison n'est pas important pour vous, le choix est vite fait. Prenez le raccourci, allez à la boulangerie et ça fera l'affaire. Non seulement mes principes vous aideront à identifier ce qui pour vous exige des raccourcis mais je vous expliquerai aussi comment les créer. Et je vous apprendrai à repérer ce qui importe, à libérer du temps dans vos journées pour favoriser votre épanouissement dans ces domaines.

N'oubliez pas : il ne s'agit pas de tomber dans le « 100 % effort » ni dans le « 100 % flemme ». Vous allez devoir faire des choix. Si tout est prioritaire, que vous ne faites pas le tri, vous vous retrouverez au pied du mur : vous vous épuiserez à vous soucier de tout, ou renoncerez et ne vous soucierez plus de rien.

Ma méthode offre une troisième voie : être au taquet pour les choses qui vous importent, et envoyer valser le reste.

Vous avez le droit de lâcher prise, de vous poser des questions et de ralentir, mais aussi de vous investir, de vous démener et d'avancer coûte que coûte. Quel que soit votre choix, concentrez-vous sur ce qui est important à vos yeux, et non sur ce qui compte pour Instagram, pour votre belle-mère ou pour la petite voix dans votre tête qui vous dit que vous n'êtes pas à la hauteur.

Tous les choix sont légitimes, mais cantonnez-vous à ce qui compte pour *vous*. En vous affirmant en tant que femme unique, merveilleuse et puissante, en vous souciant de ce qui est important et en laissant de côté ce qui ne l'est pas, vous inciterez les femmes de votre entourage à faire de même. C'est une démarche qui bénéficie à toutes, et je m'en réjouis.

Récapitulons

- La perfection est une sécurité derrière laquelle vous pouvez vous dissimuler, mais elle empêche les autres de vous connaître réellement.
- L'ordre n'est pas toujours un manque d'authenticité, et le chaos pas forcément un signe de sincérité.
- Soyez au top pour les choses qui vous importent, et économisez-vous vis-à-vis de celles qui ne vous importent pas.
- Suivez la recette la première fois que vous confectionnez du pain perdu.

Un petit pas

Souriez à la belle inconnue du supermarché,
sans l'évaluer ni vous juger vous-même.
Vous avez justement des courses à faire aujourd'hui,
c'est le moment d'essayer.

Maintenant, abordons notre premier principe.

Principe n° 1

Décidez *une fois pour toutes*

Je ne pense pas faire preuve d'originalité quand je dis qu'avant, je détestais les lundis.

Je me disais parfois « advienne que pourra », en mode flemme, avant de pleurer au-dessus de ma tasse de café froid à mesure que les événements me tombaient dessus.

D'autres fois, je les attendais de pied ferme, prête à tout gérer comme une boss. Je passais mon dimanche soir à noircir mon tout nouveau planificateur, à organiser chaque repas jusqu'au moindre verre d'eau, à prévoir les courses et chaque tâche ménagère pour, finalement, ne quasiment rien respecter.

Les lundis de flemme ne fonctionnaient pas parce que je ne savais pas comment aborder les choses, et les lundis en mode superorganisée ne marchaient pas non plus parce que je m'imposais trop de choses à faire[5].

Alors, j'ai attaqué mes lundis (et un grand nombre d'autres domaines) en alliant astuce et lâcher-prise, en instituant notre premier principe : *décider une fois pour toutes.*

La manière la plus simple d'offrir une pause à votre cerveau

Les études sur ce thème sont variées et sans doute difficiles à présenter clairement, mais, pour résumer, nous prenons un grand nombre de décisions. Vraiment beaucoup. Devoir choisir constamment est l'une des raisons pour lesquelles nous n'avons plus assez d'énergie pour les choses qui nous importent. En identifiant les domaines où il est possible de décider une bonne fois pour toutes, vous offrez plus de liberté à votre cerveau.

---

5. Les deux types de lundis incluaient généralement le grignotage d'une bonne quantité d'Oreo.

L'idée de déterminer une ligne de conduite vous donne le sentiment d'être une machine ? Vous n'êtes un robot que si vous automatisez absolument tout, mais le faire concernant des sujets qui importent peu permet au contraire de libérer de l'espace mental pour ce qui importe. Voilà une astuce dont les bienfaits vont immédiatement se faire ressentir.

Comment j'ai révolutionné mes lundis en décidant une fois pour toutes

Avant, je détestais la pression que m'imposaient les lundis. J'avais l'impression qu'en matière de décisions, tous les compteurs revenaient à zéro. Soudain, plus aucun membre de la famille ne savait distinguer le haut du bas, le petit déjeuner du dîner, ou quelle tenue était convenable pour aller à l'école. De telles incertitudes sont acceptables un samedi quand on a le temps, mais pas un lundi alors qu'on doit se montrer efficace. Comme je ne pouvais rien changer aux jours de la semaine, je devais revoir ma manière de les aborder, et cela passerait en premier lieu par ma tenue vestimentaire. Opter pour telle ou telle tenue ne demande qu'un tout petit peu de réflexion, mais quand même. Alors, j'ai décidé une fois pour toutes des vêtements que je porterais le lundi et je ne suis jamais revenue en arrière. Eh oui, juré, je porte la même tenue tous les lundis depuis trois ans[6].

6. J'associe le noir et le jean. Tenue pour temps froid : jean noir et chemise en jean. Tenue pour temps doux : tee-shirt noir et jean. Tenue pour temps chaud : tee-shirt noir et short en jean.

J'ai aussitôt ressenti les bienfaits de ce choix, alors j'ai voulu aller plus loin. J'ai continué à décider une fois pour toutes : l'heure à laquelle je me lève, la première chose que je fais le matin, ce que nous mangeons au dîner ce jour-là. Ma liste continuera de s'étoffer tout au long de ma vie en fonction de ma situation.

À présent, j'adore les lundis, parce que tous ces choix faits à l'avance m'offrent un magnifique tremplin pour commencer ma journée et ma semaine. Au lieu de me laisser perturber par toutes les décisions à prendre, décider une fois pour toutes me donne le temps de m'investir dans ce qui me tient à cœur. Je dispose d'une plage de liberté pour faire le travail que j'adore, lire, écouter de la musique et me montrer patiente envers mes enfants alors qu'ils se préparent pour leur nouvelle semaine d'école.

Cela peut sembler fou qu'une seule décision puisse avoir une telle incidence, mais c'est tout l'intérêt de ma méthode.

Des cas où la décision est déjà prise

Vous ne vous en êtes peut-être pas rendu compte, mais plein de décisions ont déjà été prises pour nous.

- **Les menus des fast-foods.** Les gros bonnets ont déterminé en amont de quoi serait constitué chaque menu et leur ont attribué des noms, pour qu'il ne nous reste plus qu'à demander « un menu bidule avec un Coca light ».
- **Les films Netflix.** Un algorithme vous propose d'autres films à voir, afin que vous n'ayez pas à réfléchir à ce que vous allez regarder ensuite.

Certains choix peuvent être faits pour vous, mais tout l'intérêt est de prendre vos décisions vous-même.

Je vais vous étonner : chaque objet que vous possédez résulte d'une décision. Lorsque vous achetez une chemise, des crayons ou un bidon d'huile d'olive, vous prenez le parti de les acquérir mais aussi de les utiliser, de les conserver et d'en prendre soin.

Chaque objet que vous possédez résulte d'une décision.

En revanche, si vous ne respectez pas votre choix et que vous laissez la chemise dans le sac, les crayons dans un tiroir que vous n'ouvrez jamais, et le bidon d'huile d'olive sur le plan de travail parce qu'il est trop gros pour tenir sur l'étagère, vous apportez du désordre dans votre vie plutôt que cet espace mental qu'une décision unique aurait pu vous offrir.

L'important, donc, consiste à faire de *bons* choix, qui ajouteront de la valeur à votre vie au lieu d'en retirer. Décidez une fois pour toutes, de manière réfléchie, pour tous les sujets : des vêtements de votre dressing à ce que vous écrivez sur votre calendrier. Cela épargnera des efforts à votre cerveau, et vous laissera le loisir de penser à ce qui vous importe au lieu de tourner en boucle sur les décisions concernant les mêmes éternels sujets.

Les possibilités sont infinies. Mais rassurez-vous : je ne vous demanderai pas de prendre trente-sept décisions d'ici la fin de ce chapitre, dont trente-six vous seront sorties de la tête d'ici demain. Cherchez simplement une idée qui vous sera utile dès maintenant.

Voyons justement quelques exemples concrets.

Décidez une fois pour toutes : les cadeaux

En théorie, vous aimez probablement offrir des cadeaux, faire preuve de générosité et choisir de jolis papiers d'emballage. Mais dans les faits, c'est une corvée. Vous peinez déjà à réaliser vos tâches quotidiennes, alors quand l'obligation de faire un cadeau se présente, vous ressentez comme une pointe d'agacement. Je vous l'accorde, c'est assez gênant… Mais ce n'est pas le fait d'offrir des cadeaux qui est contrariant, c'est surtout de ne pas avoir plus de temps pour mieux y réfléchir. Vous pouvez recenser toutes les personnes de votre entourage et dresser une liste exhaustive de ce qu'ils aiment ou pas, créer un fichier Excel listant les occasions d'offrir des cadeaux durant l'année à venir, et faire votre shopping de Noël en avril. Si cela ne vous donne pas l'impression de marcher sur la tête, pourquoi pas ?
Heureusement, il est beaucoup plus simple d'agir avec astuce et lâcher-prise. Penchons-nous sur quelques situations courantes.

Les cadeaux pour les enseignants

Si vous avez des enfants, vous êtes sûrement stressée à l'idée de trouver quoi offrir à leurs enseignants à la fin de l'année. Multipliez cela par le nombre d'enfants que vous avez, et vous obtenez un beau panel de boîtes de chocolat achetées au dernier moment et de cartes de remerciement réalisées à la maison alors que vous n'avez pas le temps pour cela.
Décidez plutôt une fois pour toutes, à l'avance, ce que vous achèterez à chaque professeur suivant les occasions. Pour Noël, j'offre un livre. Pour le dernier jour d'école, j'écris une

note de remerciement sincère, éventuellement accompagnée d'un dessin ou d'un petit mot de mon enfant. Évidemment, sentez-vous libre de procéder comme vous le souhaitez !
J'entends vos dents grincer. Vous vous dites que c'est une excellente idée mais qu'elle traduit un manque de cœur certain. Toutefois, en réfléchissant à l'avance à ce qui ferait un bon cadeau, vous vous épargnez du stress et l'agacement de vous sentir dépendante du choix disponible chez le seul chocolatier ouvert à ce moment-là.

Les cadeaux d'anniversaire pour les amis de vos enfants

Les deux questions que je me pose lorsque nous recevons une invitation à un anniversaire sont : « Est-ce que je dois y aller moi aussi ? » et « Est-ce qu'il faut apporter un cadeau ? ».
Non, ce n'est pas par radinerie que je m'en inquiète. Je pense surtout à toutes les problématiques que ce présent potentiel soulève : est-ce que je contribue ainsi à encombrer une maison qui n'est pas la mienne ? Est-ce que je gaspille mon énergie à chercher une idée alors que je ne connais pas les goûts de l'enfant ? Ne suis-je pas en train de me laisser prendre au jeu d'une société gangrenée par le matérialisme et le consumérisme ? *Où est ma cabane au fond des bois ?*
Chaque fois que vous avez besoin d'un cadeau d'anniversaire pour un enfant qui n'appartient pas à votre cercle de proches, achetez la même chose : un puzzle, un livre, des fournitures de loisirs créatifs, une carte-cadeau. Le magasin de jouets près de chez moi a un catalogue : je glisse une carte-cadeau à l'intérieur pour que l'enfant puisse s'amuser à choisir ce qui lui fait envie.

Quel que soit votre décision, actez-la une fois pour toutes. Pas de stress quand l'invitation arrive : vous savez déjà quoi acheter.

Les cadeaux pour les membres de la famille

Il est peut-être moins difficile de choisir des cadeaux pour les gens que l'on connaît bien, pourtant il est aussi possible de décider une fois pour toutes. Aux États-Unis, nous avons un dicton pour choisir un cadeau qui évoque « une chose que tu veux, une chose dont tu as besoin, une chose à porter, une chose à lire ». Cela s'apparente à une décision unique et, si des critères de ce genre peuvent vous aider, utilisez-les. Ça me plaît d'acheter un livre chaque année à mon beau-père, parce qu'il aime lire mais ne va pas forcément de lui-même vers les livres, surtout s'il y a un journal à proximité. Ma petite sœur étant une fan de produits de beauté, j'opte chaque fois pour des cosmétiques qu'elle ne s'achèterait pas elle-même[7].

Les cadeaux de mariage et de naissance

La décision a été prise pour vous : cela s'appelle une « liste de mariage/de naissance ». Le destinataire fait part de ce qu'il souhaite exactement. Certains trouvent cela impersonnel, mais ça ne l'est pas plus qu'acheter un cadeau que la personne ira échanger. Ne vous sentez pas offensée, je ne suis pas en train de dire qu'il est mal de vouloir mettre une touche personnelle dans ses présents.

Compensez donc votre cadeau impersonnel choisi sur une liste avec quelque chose de plus personnel. Pour une

7. Désolée, Hannah, j'ai vendu la mèche.

naissance, achetez ce lot de pyjamas et ajoutez le livre favori de vos enfants quand ils étaient petits. Pour un mariage, prenez les saladiers que les mariés désirent, et glissez-y quelques recettes manuscrites de vos plats préférés à servir dedans, éventuellement emballées dans un joli torchon.

Décidez une fois pour toutes : vos vêtements

J'ai déjà parlé de ma tenue du lundi. Choisir mes habits en début de semaine représentait toujours un stress parce que c'était encore une décision à prendre. Acter cela une fois pour toutes a donc été un réel soulagement.

En réalité, j'ai été tentée d'aller encore plus loin après avoir entendu l'histoire d'un homme qui porte la même tenue tous les jours. Ce monsieur a trouvé le modèle de pantalon qu'il aime le plus et en a acheté trois. Il a trouvé un tee-shirt noir parfait et s'en est procuré sept. Il porte toujours la même paire de chaussures noires et l'use jusqu'à la corde avant de la remplacer. Le gars a aussi les mêmes sous-vêtements et chaussettes en multiples exemplaires, tous noirs.

Ses possibilités d'associations sont merveilleusement limitées, et cela m'enchante.

Je peux comprendre que cela puisse sembler extrême. C'est aussi admirable. Cet homme a décidé de ce qu'il aimait porter, et il s'y tient tous les jours. L'énergie mentale nécessaire chaque matin pour s'habiller est nulle. Cette décision a même des répercussions sur la manière dont il fait ses lessives, range ses vêtements, fait sa valise quand il part en voyage ou adapte sa tenue selon la météo.

Il n'est pas nécessaire de s'habiller de la même façon tous les jours pour se rendre compte des immenses bénéfices que ce choix peut apporter.
Prenons un exemple : réfléchir à une tenue pour un mariage. Et si vous optiez pour deux robes : une pour temps chaud et une pour temps froid ? Vous n'auriez plus à vous demander si vous vous sentirez à l'aise. Pensez à des robes que vous pourriez rendre plus décontractées ou plus formelles selon le standing de l'événement en adaptant vos chaussures et vos bijoux.
Entendez-moi bien. Je ne dis pas que vous ne devez avoir que deux robes et uniquement des vêtements noirs ni aucune paire de chaussures superflue. Ce n'est pas le sujet. L'idée est que vous avez la possibilité de prendre des décisions uniques dans les domaines de votre vie qui vous stressent. Si vous adorez vous habiller pour un mariage parce que vous passez l'année en jean et en tee-shirt, prenez le temps d'envisager un million de tenues si cela vous met en joie.
Ou bien décidez une fois pour toutes de ce que vous porterez.

La garde-robe capsule a-t-elle un intérêt ?

La garde-robe capsule n'est pas pour tout le monde, mais il y a dans ce concept une idée utile à tous : chaque vêtement que vous possédez découle d'une décision unique. Lorsque vous achetez un article, vous décidez qu'il mérite que vous le portiez régulièrement. Vous lui accordez de l'espace, dans votre dressing et dans votre tête.
Si votre dressing est rempli de vêtements que vous n'aimez pas, ils prennent la place d'autres habits qui vous importent et qui vous aident à vous sentir vous-même.

Quel que soit le nombre d'habits que vous possédiez, ne conservez que ceux qui vous apportent du bonheur, qu'ils s'harmonisent bien ensemble ou non.

Décidez une fois pour toutes de ce que vous mangez

Les repas sont eux aussi l'occasion de prendre des décisions uniques. Mis à part le pain perdu, j'adore cuisiner et m'activer aux fourneaux. J'aime nourrir mes semblables, mais ça n'est pas sans stress pour autant.

Je ne fais partie ni de celles qui ne prévoient rien, ni des maniaques de l'organisation. Je suis plutôt une adepte de la sérénité, qui se facilite la vie et s'évite du stress en prenant quelques décisions une fois pour toutes. Il me tarde de vous faire part de mes idées.

Utilisez les mêmes ingrédients

Ce qui me stresse le plus, c'est de me retrouver devant un choix illimité. Chaque ingrédient me fait envie, chaque nouveau livre de cuisine aussi. J'aimerais également avoir le temps de réaliser toutes les recettes que je trouve. Oh, et je voudrais aussi des enfants qui goûtent tout sans broncher. Pas de chance.

Au lieu d'être à la merci d'un panel de choix infinis ainsi que de mes enfants qui s'autoproclament critiques gastronomiques, j'ai décidé que je ne cuisinerais qu'une liste d'ingrédients restreinte. Par exemple, en ce qui concerne le poisson, nous ne mangeons que du saumon. Pour le moment, nous faisons l'impasse sur les fruits de mer. Niveau légumes, nous mangeons des carottes, des pommes de terre, des haricots verts, du maïs et quelques autres, mais pour l'instant nous nous passons d'artichauts, de poireaux et de courgettes. Certains aliments[8] de ma liste sont régulièrement boudés au moment du dîner, mais cela ne surprendra personne. À mesure que les goûts de mes enfants s'élargiront et que ma marge côté cuisine et budget augmentera, j'allongerai la liste. Comprenez bien que je ne limite pas ma liste d'ingrédients parce que je déteste manger. J'adore ça, peut-être même qu'il n'est pas raisonnable d'aimer autant des choses inanimées. Et pour cette raison, je veux que mon temps en cuisine (en tout cas tant que ma progéniture en est au stade « marmot ») soit le plus agréable possible. Et j'y parviens en limitant ma liste d'ingrédients.

Avantage supplémentaire : décider une fois pour toutes de ma gamme de produits simplifie le reste. Choisir de nouvelles recettes est un jeu d'enfant parce que j'écarte toutes celles qui comportent des ingrédients qui ne figurent pas sur la liste. Les courses sont vraiment plus simples parce que j'achète toujours les mêmes choses. Ranger les courses est un jeu d'enfant parce que je n'ai pas besoin de faire de la place pour des produits inhabituels.

Passons en revue d'autres solutions permettant de faciliter la cuisine et les repas.

Préparez le même plat quand vous avez des invités

Inviter quelqu'un pour la première fois peut s'avérer un peu intimidant, alors simplifiez-vous les choses en proposant chaque fois le même menu. Choisissez une recette qui fait

8. Par « certains aliments », j'entends bien sûr les légumes verts.

l'unanimité et que vous réussissez, et servez-la quand vous invitez quelqu'un pour la première fois. Vous pourrez alors accueillir tranquillement cette personne, sans vous inquiéter de la réussite de votre plat. Pour ma part, je choisis une pizza maison. J'en propose à mes nouveaux amis parce que c'est sympathique et que tout le monde aime la pizza[9].

Créez des menus fixes

Un menu fixe est un moyen de décider de ce que vous allez manger certains jours de la semaine. « Lundi végétarien », « mardi tacos », « mercredi plat à l'Airfryer » : voilà quelques idées.

Chez moi, c'est « lundi pâtes », « vendredi pizza » et « samedi restes ». Le choix demeure ouvert à l'intérieur de ces catégories, mais ce premier fil directeur est bien utile.

Le menu fixe a l'avantage d'être personnalisable. Je ne vais pas vous dicter vos choix : c'est vous qui décidez et qui les mettez en œuvre selon ce qui a du sens pour vous. Vous n'êtes pas obligée de faire des choix trop précis, ni même d'en faire pour toute la semaine. Pour ma part, trois jours suffisent. Convenez du nombre de jours qui vous convient le mieux.

Quoi que vous décidiez, ces menus fixes sont une solution de planification facile qui conjugue à la perfection flemme et astuce.

9. Assurez-vous simplement que personne ne soit allergique au lait ou au gluten. Quelle tristesse de servir une pizza à quelqu'un qui ne peut pas en manger !

Accélérez les courses

Cette astuce ne fonctionne pas pour tous les budgets, mais, si vous détestez faire les courses, arrêtez-vous sur un supermarché que vous appréciez et délaissez les autres.

Nous l'oublions, mais notre temps et notre santé mentale ont eux aussi un coût. Ne pas en tenir compte pour trouver les plus petits prix peut avoir plus de conséquences que le fait d'économiser trois centimes sur un sachet de frites.

Décidez une bonne fois de l'endroit où vous ferez vos courses. Vous pouvez aussi faire les courses une fois par semaine, ne pas essayer de nouvelles marques durant les périodes surchargées de votre vie, ou bien commander vos achats pour les récupérer en drive et tant pis pour les quelques bananes trop vertes.

On se crée un stress inutile à prendre de nouveau des décisions chaque fois que l'on doit acheter à manger. Actez cela et vous gagnerez en sérénité.

Choisir le menu de vos Tupperwares du déjeuner avec ingéniosité et lâcher-prise

- Faites une casserole de soupe le dimanche pour tous les déjeuners de la semaine.
- Préparez en une seule fois plusieurs salades en bocaux.
- Choisissez un plat qui n'a pas de succès au dîner parce que vos enfants sont difficiles, et gardez-le pour votre déjeuner. Pimpez-le en le présentant dans un joli récipient en verre.
- Sélectionnez une recette facile pour chaque déjeuner jusqu'à ce que vous vous en lassiez. Choisissez-en alors une autre. Inutile de se mettre la rate au court-bouillon en voulant faire preuve d'imagination.

Décidez une fois pour toutes : le ménage

J'ai horreur de faire le ménage. Que vous partagiez ou non mon aversion, le fait de décider une fois pour toutes ne pourra que vous aider à aborder sereinement cette tâche.

Rationalisez votre gamme de produits

Lorsque vous achetez un produit nettoyant en solde, un joli chiffon en microfibre ou la fameuse serpillière magique, vous prenez une décision : celle de l'utiliser. Si vous vous servez de l'objet et qu'il apporte un vrai plus, c'est top. Si vous ne l'utilisez pas, il est de trop.

L'encombrement est l'ennemi du ménage, et plus votre maison est encombrée, plus il est difficile de la nettoyer. Paradoxalement, quand l'état de mon intérieur me chagrine, j'achète des choses pour le rendre plus joli ou plus propre, et cela ne fait qu'aggraver le problème[10].

Essayez de faire en sorte que l'achat de vos produits d'entretien soit réellement une décision unique. Si vous achetez un spray pour la cuisine, utilisez-le. Si vous achetez une serpillière dernier cri, servez-vous-en. Si vous achetez une brosse WC, nettoyez les WC avec et basta (quelles que soient ses propriétés magiques, elle ne rendra pas le ménage plus drôle).

Rationalisez votre gamme de produits en ne prenant que le strict nécessaire à vos tâches de base. Ne vous imposez pas

10. Levez la main si vous avez plus de quatre flacons de produits nettoyants « d'antan » non ouverts au fond d'un placard, que vous avez achetés parce qu'ils étaient en promotion et si jolis...

la corvée de devoir choisir parmi cinq produits différents, comme si vous faisiez défiler une liste Netflix de désinfectants. Prenez un flacon et c'est parti.

Décidez de votre plan d'action ménage

Passez l'aspirateur le jeudi. Faites les miroirs en même temps que la poussière. Rincez la douche avant d'en sortir. Nettoyez les toilettes avant de prendre une douche, parce que c'est sale. Votre plan d'action ménage n'a pas besoin d'être détaillé ni planifié, ni même d'être un vrai plan d'action.

Demandez-vous quelles parties du ménage vous horripilent. Et si le fait de prendre une décision, une seule fois, vous facilitait la vie ?

Décidez une fois pour toutes : les traditions

Chaque fois que j'entends quelqu'un parler d'une tradition, familiale ou non, comme « toujours partir en vacances au même endroit » ou « confectionner des sablés de Noël le premier week-end de décembre », cela m'inspire autant que cela me démoralise, parce que je ne fais rien de tout ça.

Mais vous savez quoi ? Les traditions sont des décisions uniques. Au lieu de compliquer les choses en les considérant comme des repères familiaux qui perdureront dans les mémoires, dites-vous que ce sont simplement des moments plaisants que vous avez choisis une bonne fois pour toutes. Décidez que, la veille de la rentrée, vous mangerez des plats à emporter. Et si tout le monde adhère, recommencez l'année suivante.

Actez que, la veille de Noël, vous irez voir les illuminations en pyjama, et montez en voiture.
Réalisez un grand puzzle en famille après le repas de Pâques.
Nous nous mettons une pression immense au sujet des traditions : c'est parce que nous aimons les moments de communion qu'elles constituent, mais nous nous compliquons la vie pour y parvenir. Prenez une décision unique et testez-la.
C'est peut-être le début d'une nouvelle tradition.

Une anecdote : quand la tradition se retourne contre vous

Nous organisons toujours un repas de famille lorsque c'est l'anniversaire de l'un d'entre nous, et ma mère prépare un plat que la personne en question aime. D'aussi loin que je me souvienne, pour l'anniversaire de ma petite sœur Hannah, elle servait immanquablement des crevettes sauce cocktail. C'était une tradition.
Des années plus tard, pour une raison que j'ai oubliée, j'ai été chargée de préparer son repas d'anniversaire à la place de notre mère. J'ai demandé à ma sœur : « Qu'est-ce que tu as envie de manger avec tes crevettes ? » Elle s'est arrêtée un instant et a pris une grande inspiration avant de répondre : « En fait, je n'aime pas les crevettes. » Quoi ? J'ai vu défiler devant mes yeux des dizaines de repas d'anniversaire avec des crevettes au menu. Toute sa vie, ma sœur s'était conformée à une tradition qu'elle n'appréciait même pas.
Cela pourrait être un bon enseignement : il ne faut pas hésiter à dire ce qu'on aime, mais surtout, il ne faut pas s'engager dans des décisions uniques susceptibles de devenir des traditions si tout le monde n'est pas partant. Gardez cela dans un coin de votre tête.
PS – Dans la famille, nous avons maintenant une expression pour indiquer que nous allons aborder un sujet potentiellement sensible : « J'ai une situation crevette. »

Il est maintenant temps de prendre une décision, juste une, une fois pour toutes. Vous serez ravie de voir combien d'énergie vous pouvez économiser en faisant preuve d'ingéniosité vis-à-vis de ce qui est important pour vous, et de flemme pour ce qui ne l'est pas.

Récapitulons

- Réduisez le nombre de décisions à prendre en faisant certains choix une bonne fois pour toutes.
- Automatiser des décisions ne fait pas de vous un robot : cela vous laisse au contraire plus de temps pour vivre.
- Vous pouvez prendre des décisions uniques dans tous les domaines, tels que les cadeaux à offrir, votre garde-robe, la préparation des repas, l'organisation du ménage et les traditions.

Un petit pas

Citez une chose qui vous stresse, puis prenez une décision une fois pour toutes, qui vous facilitera la vie.
Une, pas trente-six.

Voici une transition parfaite pour introduire notre principe suivant : commencer petit. Vous avez peut-être déjà attrapé un crayon afin de dresser une longue liste de décisions que vous pourriez prendre. Mais avant de noircir votre feuille, lisez le chapitre suivant.

Principe n° 2

Commencez *petit*

On ne peut pas dire que je sois une grande sportive. J'étais toujours choisie en dernier quand on constituait les équipes à l'école et j'ai souvent réchauffé les bancs lorsque je faisais du volley-ball.
Sur le papier, ça n'a pas grande importance. Nous avons tous des talents différents, et la vitesse ou la coordination ne font pas partie des miens. Je savais au fond de moi que ma valeur ne dépendait pas du fait que je sois mince ou forte, mais le jugement de ce père pas génial que j'ai déjà cité, l'influence des publicités télévisées et l'organisation sociale des lycées et des universités jouaient en ma défaveur. Les filles jolies et minces attiraient les regards. Les filles comme moi, non. Comme je l'ai expliqué plus haut, il faut savoir se montrer combative vis-à-vis des choses qui importent. Mais, pendant bien trop longtemps, j'ai gaspillé mon énergie pour des choses qui n'en valaient pas la peine telles que ma silhouette. Au lycée, j'ai opté pour la flemme extrême et les stratégies de dissimulation de mon corps. J'arborais des salopettes larges et une coupe de cheveux atroce, dans l'espoir que personne ne lève les yeux vers moi. Cela fonctionnait, parce que la plupart de mes amis, filles et garçons, me surnommaient « Maman[11] ».
Quand l'heure de la rentrée universitaire a sonné, j'ai fait volte-face et j'ai tenté de me consacrer à mon corps à fond. Je me suis limitée à huit cents calories par jour. Pas mille huit cents. Huit cents. Pour essayer de me muscler, j'allais chaque jour à la salle de sport où je me suis tellement mal servi des machines pour les jambes que j'ai irrémédiablement

11. Maintenant, j'adore être maman. Mais à seize ans, c'est terrible d'être surnommée ainsi par des garçons que vous trouvez mignons. Terrible.

bousillé les cartilages de mes genoux[12]. Je me demandais en permanence si ce que je portais me rendait jolie ou si tout cela ne servait à rien.

Outre le fait que j'avais une perception de mon corps totalement faussée, aucune des deux stratégies ne m'a aidée lorsque j'ai tenté de transformer ma silhouette. Ignorer le problème ou vous en préoccuper à l'excès vous conduit au même endroit.

Nulle part.

Le problème du « tout ou rien »

Que l'on parle d'image corporelle, de mariage ou d'organisation du dressing, notre réaction face à de nombreux problèmes consiste soit à fournir plus d'efforts, soit à abandonner. Tout ou rien.

On attend que la situation change, que les enfants grandissent, que nos relations de couple s'améliorent, que notre maison soit plus grande ou notre corps plus mince. On n'invite personne à dîner parce que notre intérieur n'est pas encore comme il faut, parce qu'on ne sait pas cuisiner ou mettre des fleurs dans un vase sans donner l'impression que c'est l'œuvre d'un enfant de quatre ans. On ne peut pas tout faire, alors on ne fait rien. On reste coincé.

Ou bien on s'appuie sur des dates arbitraires comme le 1er janvier pour se donner un nouveau départ et instaurer des systèmes complets d'organisation : à la maison, au travail, vis-à-vis de notre corps, en espérant des résultats immédiats

12. Je n'oublierai jamais quand, à dix-neuf ans, le docteur m'a annoncé que j'avais les genoux d'une femme de soixante-dix ans. Je suis passée de Maman à Mamie avant même d'avoir vingt ans. Fiou !

et en devenant dingue quand ils n'arrivent pas. Alors, on renonce et on essaie une autre idée. On est toujours coincé. « Peut-être que ça n'a pas marché parce que je n'ai pas encore trouvé la bonne méthode ? » vous dites-vous. Non. Aucun système ne fonctionne si on n'a pas identifié ce qui importe, et encore moins si on n'accorde pas de valeur aux petits progrès.
Ce sont ces petits pas qui vous feront avancer.

Pourquoi chaque petit pas compte

Vous imaginez peut-être que faire de petits pas est une perte de temps, et j'en ai été longtemps convaincue moi-même. Je trouvais que les petites avancées ne permettaient pas d'obtenir de bons résultats suffisamment rapidement. Je les trouvais inutiles et frustrantes et me disais : « Est-ce que je ne devrais pas me discipliner davantage pour avancer plus encore ? »
Une image du photographe, journaliste et réformateur Jacob Riis m'a aidée à voir la situation sous un autre angle : « Quand rien ne semble fonctionner, je vais observer un casseur de pierres abattant sa masse sur un rocher une bonne centaine de fois sans lui infliger la moindre fissure apparente. Mais au cent unième choc, le rocher se fendra en deux, et je sais que ce n'est pas seulement le dernier coup qui aura fendu le rocher, mais les cent qui l'ont précédé*. »
On n'accorde pas assez d'importance à tout ce qui précède, alors que c'est précisément la raison pour laquelle les petits pas sont essentiels : ils ont une incidence même s'ils sont invisibles.

Vous avez sûrement entendu des anciens dire : « Travailler dur, il n'y a que ça de vrai » ou « Quand on fait quelque chose, on le fait bien. » Certes. Mais c'est partir du principe que si on n'a pas transpiré, on n'a pas bien travaillé. Cela vaut pour le sport, la lessive, la lutte contre la solitude... Si on ne donne pas tout pour ce qu'on entreprend, autant abandonner et attendre de pouvoir s'y consacrer corps et âme.

C'est peut-être ainsi qu'une personne qui se met la pression aborde ses objectifs, mais quelqu'un qui allie astuce et lâcher-prise sait qu'il faut commencer petit.

Avancer, sans forcément viser une ligne d'arrivée : voilà notre nouvel objectif.

Les petits pas sont faciles à faire.

Quand c'est facile, on tient sur la durée.

De petits pas réalisés sur la durée permettent d'avancer.

Avancer, sans forcément viser une ligne d'arrivée : voilà notre nouvel objectif.

Assurez-vous que la fin justifie les moyens

Même si vous restez une inconditionnelle de la ligne d'arrivée, assurez-vous que l'objectif vous importe vraiment. Est-ce que l'une de ces situations vous parle ?

- Vous vous dites que vous devriez faire plus de sport dans le but de maigrir parce que vous pensez que les gens minces ont plus de valeur.
- Vous travaillez et suez sang et eau afin de cuisiner chaque soir pour vos enfants parce que vous pensez que les mamans qui cuisinent valent mieux que celles qui ne le font pas.

- Vous manquez d'assurance parce que vous n'avez pas fait d'études, alors vous vous fixez des objectifs ridicules, comme lire un certain nombre de livres, en pensant que cela vous rendra plus intelligente et plus méritante.

Je ne dis pas que vous devez vous offrir une séance de psy chaque fois que vous décidez de changer quelque chose dans votre vie, mais si vous vous cassez sans cesse les dents sur un sujet sensible, il serait peut-être judicieux de savoir pourquoi. Si votre motivation repose sur quelque chose qui ne vous importe pas réellement, vous risquez de vous épuiser ou simplement d'échouer une nouvelle fois.

Faites de petits pas pour avancer vers des objectifs importants à vos yeux, et vous ne resterez plus coincée.

Les petits pas importent même quand la fin justifie les moyens

Comme je suis de nature nerveuse, rigide, et que je suis raide comme un piquet, le yoga est tout indiqué pour mon mal de dos et mon cerveau en constante ébullition. C'est pourquoi, pendant une bonne moitié de la période allant de mes trente à mes quarante ans, j'ai tout fait pour intégrer le yoga dans mon quotidien. Ma ligne d'arrivée (la pleine conscience et un corps qui n'est pas en permanence tendu et douloureux) m'importait vraiment.

J'ai essayé la formule intensive « séances de yoga de trente minutes quatre fois par semaine », mais sans jamais réussir à faire les quatre séances. Pour m'aider, j'ai téléchargé des applications. J'ai acheté le tapis et les briques, sans oublier le top couleur aubergine. J'ai dressé des check-lists et installé

des alarmes sur mon téléphone. J'ai même acheté une carte pour suivre dix cours de « hot yoga[13] ».
Rien n'a fonctionné, malgré tous mes efforts, et c'était extrêmement frustrant. Je voulais faire du yoga ! Mes raisons étaient vraiment légitimes ! Personne ne me forçait ! Alors pourquoi était-ce si difficile ?
Parce que c'était trop.
Même si vous visez un objectif qui compte pour vous, les petits pas restent la meilleure solution car ils permettent vraiment d'avancer. Si, au contraire, vous vous imposez une trop grande pression en instaurant un système trop pesant, vous passerez plus de temps à alimenter ce fonctionnement qu'à vraiment avancer.
On ne se crée pas une vie qui a du sens en un coup de baguette magique, mais grâce à de petites décisions réfléchies, prises jour après jour. Les raccourcis ne marchent pas forcément, et les systèmes contraignants sont encore moins efficaces.
Les petits pas importent et sont plus faciles à tenir sur la durée.

Quand les petits pas semblent ridicules

Le 1er janvier de l'an dernier, j'ai réfléchi comme tout un chacun à mes résolutions et j'ai pris conscience que je devais changer d'approche vis-à-vis du yoga. Si je voulais le

13. Si vous voulez avoir l'impression de ne plus rien contrôler dans votre vie, entamez votre découverte du yoga par une séance de hot yoga. Vous allez suer comme un bœuf pendant quatre-vingt-dix minutes et ne pourrez plus conduire pour rentrer chez vous parce que vous aurez l'impression d'avoir les jambes brisées. C'est super amusant.

pratiquer régulièrement, je devais commencer à un niveau ridiculement bas.
Ma résolution ? Une posture de chien tête en bas, une fois par jour. Une seule.
Si vous ne vous y connaissez pas en yoga, la posture du chien tête en bas consiste à placer ses mains et ses pieds à plat par terre (dans l'idéal) en ayant les fesses en l'air. C'est comme dessiner un grand A avec son corps. Après la posture du cadavre (qui consiste à s'allonger sur le sol comme un mort), c'est l'une des postures les plus faciles qui existent.
Chaque jour, j'ai fait un chien tête en bas. Je me suis penchée en avant, j'ai posé les mains au sol et levé les fesses, et j'ai gardé la pose pendant deux grandes respirations, avant de me relever. Ça suffit pour aujourd'hui.
Évidemment, je me suis sentie bête à entreprendre cette mission d'une facilité ridicule, mais j'étais déterminée à m'y tenir, pour voir si cette approche fonctionnerait. Viser haut n'avait pas marché, alors viser bas fonctionnerait peut-être.
Pendant un temps, la réponse (en tout cas du point de vue des résultats) fut un « non » retentissant. Je ne suis pas devenue plus souple en un clin d'œil, et pas zen pour un sou. Mais cette routine étant trop minime pour être abandonnée, j'ai continué. Énorme réussite.
Je prenais la posture le matin, ou avant de me coucher si j'avais oublié de le faire avant, voire parfois les deux. De temps à autre, je réalisais une salutation au soleil complète (un enchaînement d'une douzaine de postures incluant un chien tête en bas).
Au bout de quatre mois environ, j'avais progressivement avancé par rapport à ce premier tout petit pas et je faisais cinq minutes de yoga par jour.

Je répète : cinq minutes par jour.

Si j'avais jugé du niveau d'efficacité là-dedans, j'aurais été bien bas. Imaginer que trente secondes de yoga puissent signifier quelque chose, quelle idée ! Heureusement, j'avais adopté cette démarche en mode pouvoir de la flemme et mon jugement était beaucoup plus encourageant. J'avais mis en place une *habitude quotidienne,* et même si mes séances ne duraient pas plus longtemps qu'un spot publicitaire, j'étais vraiment fière.

J'avançais en direction d'un objectif que j'avais toujours voulu atteindre.

Les petits pas fonctionnaient.

Les petits pas comptent-ils vraiment ?

Je connais une star de la cuisine et des réseaux qui n'avait pas le temps de passer des après-midis entiers à lire, mais qui souhaitait malgré tout intégrer un peu de lecture dans son quotidien. Au lieu de s'imposer de longues séances alors qu'elle n'en avait pas le temps, elle a commencé petit en se mettant à lire dix minutes par jour avant de préparer le dîner. Dix minutes seulement. C'est souvent trop juste pour terminer un chapitre, mais elle savait que c'était un petit pas faisable et qui ferait d'elle une lectrice.

Vous vous dites peut-être que si vous ne visez pas haut, cela ne compte pas. Je ne peux pas raconter que je fais du yoga quotidiennement alors que je me limite à une posture, si ? Si, je le peux, et vous aussi, quoi que vous décidiez d'entreprendre. Plus le pas est petit, plus il est probable que vous vous lanciez. Plus vous le faites, plus vous continuerez de le faire, et

alors ce petit pas s'inscrira dans votre rythme quotidien, et c'est ce qui compte.
Oui, je fais du yoga. Oui, cette influenceuse lit. Oui, vous pouvez revendiquer votre objectif même si vous ne faites que de petits pas.
Cela dit, si je fais un tour du pâté de maisons en marchant chaque jour, suis-je une marathonienne ? Non, parce que je n'ai jamais couru de marathon. C'est la raison pour laquelle recourir à ma méthode et identifier ce qui compte pour vous est important.
Si vous voulez devenir peintre et que, dans votre esprit, votre ligne d'arrivée consiste à posséder un atelier et à vivre de votre travail, vous n'identifiez pas le bon objectif. Vous n'êtes pas tenue de devenir professionnelle, vous avez juste à pratiquer la peinture.
Si vous visez les sommets, vous ne serez jamais à la hauteur. Si le sommet est le seul but que vous jugez acceptable, vous ne cesserez jamais d'augmenter l'enjeu et de reculer la ligne d'arrivée.
Alliez astuce et lâcher-prise et découvrez la puissance des petits pas. Ils sont la meilleure manière de commencer à avancer.

Quand la pierre finit enfin par casser

Quatorze mois après le début de mes courtes séances de yoga quotidiennes, tout ce dont je pouvais me prévaloir se réduisait à cela : de courtes séances de yoga quotidiennes. Je me sentais très légèrement plus souple et j'appréciais de sentir mon dos craquer quand j'étirais mes bras le matin, mais j'avais encore un niveau ordinaire et je ne pouvais toujours pas poser mes pieds à plat en faisant la posture du chien tête en bas. Ma lettre A était encore un peu biscornue. Puis, un soir, alors que je faisais ma séance avant de me coucher, j'ai commencé une salutation au soleil et me suis rendu compte que quelque chose avait changé. Soudain, mes pieds se sont posés à plat lors du chien tête en bas. J'ai tenu la planche pendant cinq secondes entières sans trembler. J'ai ressenti ce flow que l'on recherche dans le yoga. Ma respiration s'accordait enfin avec mes mouvements, naturellement, sans que je doive y penser. Un samedi soir magique !

Je m'étais efforcée de faire ce minuscule petit pas pendant quatorze mois. *Quatorze mois.* Avant cela, si je ne voyais pas de résultats au bout de quatorze *jours*, j'abandonnais. Et, paradoxalement, j'ai fait des progrès (non seulement dans le fait de respecter ces séances quotidiennes, mais aussi dans la pratique physique elle-même) sans que cela nécessite quatre heures hebdomadaires de yoga. Simplement en répétant ces simples gestes, jour après jour.

Je préfère réaliser le même petit pas chaque jour pendant quatorze mois et connaître les bienfaits que j'espérais plutôt que de viser trop haut et de rester coincée.

Si vous voulez être au top vis-à-vis de ce qui compte pour vous et lâcher prise sur le reste, faites de petits pas.

Les petits pas sont faciles.

Les petits pas sont tenables sur la durée.

Ils aident véritablement à avancer – et alors vous aurez accompli la moitié du chemin.

Plus le pas est petit, plus il y a de chances que vous le fassiez assez souvent pour avancer vers votre objectif.

Lorsque vous remarquerez les effets que peut avoir un seul choix, vous prendrez conscience du pouvoir de ces décisions simples. Elles peuvent réellement faire la différence dans une journée et, comme le casseur de pierre en fait l'expérience, ces petits choix chaque jour ont une incidence sur toute une vie.

Des astuces concrètes pour démarrer petit

Vous voulez prendre des vitamines tous les jours ? Posez le flacon sur le plan de travail chaque matin.
Vous voulez faire la cuisine tous les soirs ? Commencez par les mardis.
Vous voulez instituer un rythme régulier de ménage ? Essuyez le plan de travail de la cuisine chaque soir avant de vous coucher.
Vous voulez sortir marcher plus souvent ? Mettez vos chaussures près de la porte pour vous le rappeler.
Vous voulez faire prospérer votre entreprise ? Contactez un client potentiel chaque jour.
Vous voulez vous sentir vivante ? Vous rappeler qui vous êtes ? Pendant une minute chaque jour, sur le seuil de votre porte, prenez de grandes inspirations.

Récapitulons

- Si vous négligez quelque chose ou si vous en faites une obsession, vous resterez bloquée. En revanche, de petits pas permettent d'avancer.
- L'objectif est de se mettre en mouvement et non de franchir une quelconque ligne d'arrivée.

- Il est facile de faire de petits pas et de continuer sur la durée. C'est comme ça qu'on progresse vraiment.
- « Petit » ne veut pas dire « inutile ». Toutes les petites actions finissent par se cumuler.

Un petit pas

Trouvez quelque chose qui compte pour vous mais qui se trouve toujours relégué en bas de votre liste de priorités. Choisissez un minuscule petit pas qui vous permettrait d'avancer dans ce domaine, puis faites-le chaque jour. Ce n'est pas du temps perdu car vous progresserez peu à peu.

Ces petits pas montrent le pouvoir que peuvent avoir de simples choix. Notre principe suivant sera le choix le plus facile et le plus puissant que vous puissiez faire.

Principe n° 3

Posez *la question magique*

Les heures qui suivent la fin de l'école sont redoutables. (Ça vous parle ?) Quand il est temps d'aller chercher les grands, inévitablement, le petit n'a pas fini sa sieste. Une fois de retour, tout le monde est affamé et sur les nerfs, et vous devez endosser votre costume d'animateur sympathique pour faire avaler les devoirs, alors que le soleil brille (une bonne source d'énergie et de vitamine D, mais pas très utile quand il y a des tas de soustractions à calculer). Il faut aussi préparer le dîner, et vous n'avez qu'une seule envie : dormir. Vous sentez le chaos arriver. Cela ne devrait plus vous surprendre, et pourtant, cela vous tombe toujours dessus, inopinément.

Certains jours, j'optais pour la flemme et laissais le chaos se produire. Quand il régnait en maître, je me consolais en criant sur mes enfants et en ingurgitant un paquet d'Oreo. Les jours en mode superorganisée n'étaient pas beaucoup mieux. Je ne laissais aucune place à la flexibilité (qui est sans doute l'outil le plus précieux de l'attirail d'un parent), et je sortais de mes gonds quand quelque chose ne se passait pas comme je l'avais minutieusement planifié.

« Mode flemme » ou « mode super gestion », aucun des deux n'y faisait. Lorsque mon mari rentrait du travail, on aurait dit qu'une attaque de zombies venait de se produire. Voilà ce qui se passait avant que la « question magique » ne fasse son entrée dans ma vie.

La question magique, pour faire simple, se résume à ceci : « Que puis-je faire maintenant pour me faciliter les choses ensuite ? »

Parez au nécessaire avant qu'il ne se transforme en urgence

Ne pas utiliser la question magique, c'est comme jouer au jeu Chass'taupes.

Dans ce jeu, on réagit face à l'urgence. Dès qu'une face ridée sort, il faut taper avec le marteau pour la faire rentrer dans son trou. Mais pendant que vous vous chargez d'une taupe, une autre surgit. Vous vous retrouvez vite à taper partout sur la machine, en espérant que ça fonctionne.

Une situation passablement familière, n'est-ce pas ?

Vous devenez dingue parce que tout arrive en même temps : tout le monde a besoin de vous, tout de suite, le sèche-linge sonne la fin du cycle, la voiture n'a plus d'essence, il y a des papiers à remplir et vous n'avez pas encore décidé quoi préparer à manger ce soir.

La question magique ressemble davantage à un jeu de dominos. Je parle de ceux que l'on pose debout pour les faire tomber ensuite[14]. Considérez la question magique comme le premier domino de la rangée. Demandez-vous : « Que puis-je faire maintenant pour me faciliter ensuite les choses ? » Et faites-le. Au lieu de vous contenter de réagir à la prochaine urgence, il s'agit de faire un seul choix simple, qui mène à un autre, et ensuite les décisions s'enchaînent dans un ordre plus prévisible.

Rappelez-vous de commencer petit.

Il n'y a pas besoin de s'atteler à une dizaine de tâches pour bien anticiper la suite des événements : commencez par une seule.

---

14. J'ai entendu dire qu'il existait un autre jeu avec des points, mais je vis avec des enfants qui sont encore en primaire. Nous n'avons que des dominos à faire tomber.

Vous vous dites qu'il serait préférable de vous occuper de plusieurs tâches urgentes en même temps ? Vous vous trompez. C'est aussi comique qu'impossible. L'objectif consiste plutôt à garder un temps d'avance pour ne pas passer son temps à courir après les incendies. Nous nous sommes toutes déjà brûlées à de nombreuses reprises et cela nous arrivera encore, mais on peut se préparer davantage en posant cette question magique : « Que puis-je faire maintenant pour me faciliter ensuite les choses ? »
Une fois que vous aurez commencé à penser de cette manière, vous n'aurez plus envie d'arrêter. Voyons quelques façons de changer votre vie à l'aide de cette simple question.

Question magique, cas n° 1 : après l'école

Que puis-je faire maintenant pour me faciliter la tâche au retour de l'école ?
Ma solution préférée : une assiette de choses à grignoter. Avant de partir chercher mes garçons à l'école, je sors une bonne vieille assiette que je remplis de ce que je trouve : biscuits, bâtonnets de carotte, grains de raisin, grand cookie aux pépites de chocolat que je casse en morceaux... Ce que j'ai à disposition. Je pose le tout sur la table de la cuisine, et c'est comme un phare dans la nuit lorsque nous rentrons.
Ce goûter a un effet domino positif sur tout le reste de l'après-midi. Au lieu de chercher à me convaincre que les sorbets comptent comme un fruit, mes enfants n'ont plus qu'à choisir parmi un assortiment d'aliments sans faire de débat. Chacun est plus enclin à ranger son cartable et à se laver les mains pour ne pas être le dernier à choisir son

morceau de cookie au chocolat. Nous discutons en savourant des clémentines ou des carrés de chocolat, et cela aide les enfants à retrouver l'ambiance apaisée de la maison après l'agitation de la journée d'école.
Se mettre aux devoirs devient également plus facile, parce que nous sommes déjà installés à table et que le taux de sucre est remonté. Pendant que les enfants sont occupés à se servir des verres d'eau et à engloutir leurs carottes, j'ai même le loisir de me poser la question magique du dîner.
Est-ce que je prépare une telle assiette tous les jours ? Non. Mais les jours où je le fais se passent mieux. En tout cas, il est rare que je me transforme en Hulk après cette assiette d'en-cas. C'est l'intérêt de la question magique : elle ne garantit pas un résultat, mais quand même, on s'en approche.

Question magique, cas n° 2 : le dîner

Que puis-je faire maintenant pour me faciliter la préparation du dîner tout à l'heure ?
Ici la question magique est des plus pertinentes parce que nous mangeons tous les jours et que les résultats apparaissent plus clairement. En cuisine, les dominos tombent sans heurts. La première fois que j'ai rempli un faitout d'eau quatre heures avant le dîner en vue de cuire des pâtes, je me suis dit que j'étais un peu folle. En quoi cela m'aiderait ? Mon garçon serait capable de le faire ! Mais, plus tard, ce même enfant transformé en sangsue n'a plus voulu me lâcher. J'ai alors été ravie de n'avoir que le bouton de la plaque de cuisson à tourner plutôt que de devoir soulever d'une main le faitout rempli, tout en portant de l'autre un petit capricieux de deux ans.

Alors, j'ai regardé le domino suivant tomber.
Puisque le faitout était déjà prêt sur la plaque de cuisson, je n'étais plus aussi stressée à l'idée d'avoir mon fils dans les bras pour dénicher la sauce tomate dans le placard à provisions. Là, j'ai repéré le paquet de spaghettis et je me suis dit que cela me faciliterait la tâche plus tard si je le rapportais maintenant, tout cela avec cette petite tête posée sur mon épaule étonnamment détendue.
Cela peut sembler anodin, mais un minuscule choix peut faire une énorme différence. Le mien a commencé par un faitout d'eau.

Décidez le menu du dîner

Savoir ce que vous mangerez au dîner avant que ce ne soit l'heure facilite immensément les choses. Établissez votre menu à l'avance pour acheter ce dont vous avez besoin. Faites une liste de courses et collez-la sur la porte d'entrée pour vous souvenir de passer à l'épicerie en rentrant. La réponse à la question magique pour le dîner peut aussi se résumer à la décision de prendre à emporter une fois de temps en temps.

Préparez votre recette

Imaginons que vous ayez prévu un chili pour le dîner. Demandez-vous ce que vous pouvez faire dès maintenant en passant en revue les étapes de la recette. Vous pouvez poser les boîtes de haricots rouges et de sauce tomate sur le plan de travail, ouvrir le sachet d'épices ou mélanger vous-même du piment et du cumin, émincer l'oignon et l'ail, poser la cocotte sur la plaque de cuisson ou brancher votre multicuiseur, et sortir les assiettes creuses du placard pour que les enfants puissent plus facilement mettre la table. Même une seule de ces actions suffit à réduire l'ampleur de la tâche au moment fatidique.

Vous avez le temps de faire tout cela ? Marquez-le d'une pierre blanche.

Regroupez les tâches courantes

Si votre famille consomme souvent du riz, préparez-en en quantité. Il sera mangé ; s'il ne l'est pas, congelez-le. Lavez les légumes, sortez la planche à découper, assaisonnez le poulet. Quel que soit le menu prévu, effectuer ces petites tâches à l'avance vous facilitera les choses au moment de préparer le dîner.

Faites une liste de courses

Vous oubliez d'acheter certaines choses chaque fois que vous faites les courses ? Facilitez la préparation de vos repas en faisant une liste afin d'avoir toujours ce qu'il vous faut sous la main. Pour réaliser cette liste, posez un tableau blanc sur votre réfrigérateur et inscrivez-y un ingrédient dès que vous y pensez. Quand vous partez en courses, ne vous embêtez pas à recopier la liste : prenez une photo avec votre téléphone et c'est parti. Préparer vos repas sera plus facile.

Je pourrais consacrer un livre entier sur le sujet, mais je vais vous épargner mes manies culinaires car ce serait un peu fort de café (ou de thé, selon vos goûts).

Question magique, cas n° 3 : le linge

Que puis-je faire maintenant pour que le linge soit ensuite plus facile à gérer ?

Ah, le linge… Il nous tue, pile après pile. Pourtant, la question magique peut nous sauver.

Il existe des panières à linge compartimentées pour effectuer le tri au fur et à mesure. Vous pouvez enseigner à vos enfants comment retirer leur pantalon en le tirant par les chevilles plutôt que de vous laisser un méli-mélo de jeans à l'envers imbriqués dans des sous-vêtements Minecraft.

Une lectrice de mon blog, *The Lazy Genius Collective*, a expliqué un jour qu'elle utilisait un filet pour y mettre les chaussettes de ses enfants, qu'elle accroche à côté du panier à linge. Les petits y mettent leurs chaussettes sales, lesquelles sont ensuite lavées et séchées dans ce même filet, ce qui facilite la reconstitution des paires.

Le simple fait de choisir le jour de la semaine où vous faites vos lessives peut aussi être une aide. Si une décision est susceptible d'apaiser votre stress, prenez-la, même si c'est aussi banal que de dire : « Je m'occuperai du linge le mercredi. »

Question magique, cas n° 4 : le retour de vacances

Que puis-je faire maintenant pour faciliter plus tard notre retour à la maison ?

Autant nous aimons voyager, autant nous apprécions toujours de rentrer à la maison – sauf quand celle-ci est restée sens dessus dessous après la frénésie du bouclage des valises.

Voici quelques solutions pour rendre le retour un peu plus joyeux.

Rangez avant de partir

Si l'ordre vous apaise, facilitez votre retour en rangeant avant de quitter la maison. Laissez les enfants jouer dans le jardin, envoyez-les prendre un goûter avec votre conjoint ou un grand frère responsable, ou bien installez-les dans la voiture pour vous donner deux minutes de répit avant de partir. Quelles que soient les mesures à prendre pour éloigner les petits de la maison, prenez-les et rangez rapidement.

Prévoyez le dîner avant de rentrer

Le frigo étant souvent vide au retour des vacances, rendez votre retour plus plaisant en pensant à l'avance au dîner. Gardez un plat tout prêt au congélateur, réservez un billet sur le budget des vacances pour acheter une pizza, ou bien réfléchissez pendant le trajet à quelque chose de simple à préparer.

Vous pouvez vous faire livrer un repas à cuisiner ou programmer un drive à aller chercher en chemin. Si composer un menu en rentrant de vacances vous stresse, appliquez la méthode de la question magique.

Défaites tout de suite les bagages

Les retours sont fatigants parce qu'on a l'impression que la durée du rangement est aussi longue que celle des vacances. Facilitez-vous les choses en défaisant aussitôt toutes vos valises. Cela prendra certainement moins de temps que vous ne le pensez et vous serez plus vite tranquille.

Une solution pour être plus efficace consiste à rassembler tout votre linge sale sur votre lieu de vacances. Mettez-le dans une taie d'oreiller ou dans une valise réservée à cet usage et, une fois rentrés, vous n'aurez pas de montagnes de linge à trier.

Comment appliquer la question magique à tous les domaines

J'espère que vous commencez à voir où je veux en venir. Cependant, si vous n'aviez au départ aucune idée de la manière d'anticiper pour vous faciliter ensuite la vie et que les effets de votre café du matin se sont déjà dissipés, pas d'inquiétude. Soyez simplement précise dans la formulation de la situation qui vous pose problème, et la question viendra toute seule.

Il est possible en revanche de compliquer les choses. La question magique est si efficace que vous allez être tentée de l'appliquer à tous les domaines et, malheureusement, cela risque de confiner à une obsession pénible. Essayez de rester dans la simplicité.

Par exemple, j'adore mon rituel café du matin, mais moudre les grains fait du bruit et risquerait de réveiller les enfants avant que je ne sois prête à leur parler. Que puis-je donc faire maintenant pour faciliter mon rituel matinal (et le rendre moins bruyant) ? Je peux moudre les grains et même remplir la bouilloire la veille au soir[15] – une bonne chose pour les matins au ralenti, quand je suis encore à moitié endormie.

---

15. Mon beau-frère, obsédé de café, enfin je veux dire « amateur de café », serait peiné de savoir que je ne peux pas moudre les grains juste avant de préparer mon café. Au moins, je ne bois pas d'instantané.

Pendant un temps, pourtant, j'ai sorti tout ce dont j'avais besoin pour mon café : tasse, cuillère, pot à sucre, tout sauf le lait, qui ne peut pas passer une nuit hors du réfrigérateur. Ce n'est certes pas grand-chose de préparer cela avant de me coucher, mais c'était inutile. Ce n'est pas sorcier de sortir une cuillère le matin, surtout si les couverts ne sont pas très loin du frigo. En fait, sans le vouloir, je me suis privée du plaisir de ces petites actions du matin, juste pour me sentir mieux préparée.

La question magique est un véritable couteau suisse, parce qu'elle est à la fois simple et efficace.

Ne faites pas quelque chose si ça ne vous aide pas vraiment. Gardez ce qui fonctionne, laissez tomber le reste et ne compliquez pas la situation.

La question magique est un véritable couteau suisse, parce qu'elle est à la fois simple et efficace. Il est étonnant qu'une question et une réponse aient autant d'incidence, mais c'est le cas. Les dominos tombent, et vous ne pourrez plus vous en passer.

Quelques questions magiques

- Que puis-je faire maintenant pour faciliter ensuite le passage de l'aspirateur ? Lancez une séance familiale de soixante secondes de rangement de tout ce qui traîne par terre.
- Que puis-je faire maintenant pour qu'il me soit ensuite plus facile d'écrire sur mon blog ? Dictez vos idées sur un enregistreur vocal et posez l'ordinateur sur le plan de travail de la cuisine, prêt pour le moment où vous vous lancerez.

- Que puis-je faire maintenant pour faciliter les futures courses ? Mettez les sacs réutilisables près de la porte et glissez un stylo sur la liste de courses pour rayer vos achats au fur et à mesure.
- Que puis-je faire maintenant pour trouver plus facilement le dîner dans le congélateur ? Collez des étiquettes pour ne plus jouer à « Qu'y a-t-il dans ce sachet ? ».
- Que puis-je faire maintenant pour coucher les enfants plus facilement tout à l'heure ? Retrouvez tous les doudous avant le brossage des dents pour ne pas partir dans une chasse éperdue après l'histoire du soir.
- Que puis-je faire maintenant pour ensuite payer plus facilement mes factures ? Prévoyez une bannette spéciale « courriers importants » et mettez une alarme sur votre téléphone pour vous rappeler d'y jeter un œil toutes les deux semaines.
- Que puis-je faire maintenant pour faciliter la préparation des prochains déjeuners à emporter au travail ? Attitrez un tiroir du réfrigérateur aux aliments nécessaires à la confection de vos Tupperwares.
- Que puis-je faire maintenant pour choisir plus facilement mes recettes le moment venu ? Quand vous feuilletez un nouveau livre de cuisine, placez des Post-it sur les recettes que vous avez le plus envie de tester. Et cantonnez-vous à celles-ci.
- Que puis-je faire maintenant pour faciliter mes prochains trajets en voiture ? Téléchargez une application permettant de trouver des endroits où manger, des toilettes et des jeux pour que les enfants se dégourdissent les jambes.
- Que puis-je faire maintenant pour que tout le monde puisse être prêt plus tôt pour l'école le matin ? Préparez les affaires la veille au soir.
- Que puis-je faire maintenant pour faciliter la préparation des anniversaires des enfants ? Confectionnez de la pâte à cookies et congelez-la pour qu'il ne vous reste plus qu'à la cuire le jour J.

- Que puis-je faire maintenant pour me faciliter la tâche le jour où j'organiserai mon premier grand repas de famille ? Rappelez-vous que votre valeur ne repose pas sur la manière dont vous ferez cuire la dinde par rapport à votre belle-mère.
- Que puis-je faire maintenant pour me faciliter la vie lors des prochaines courses au supermarché ? Gardez un jeton dans le vide-poches de la voiture et remettez-le toujours à sa place après avoir rangé le chariot.

Récapitulons

- Posez-vous la question : « Que puis-je faire maintenant pour me faciliter les choses plus tard ? »
- Occupez-vous de ce qui peut-être fait avant que cela ne devienne urgent.
- Appliquez la question magique à des sujets précis, et utilisez ce principe pour à peu près tout !

Un petit pas

Qu'est-ce qui se profile plus tard dans votre journée ? Posez-vous la question magique et voyez ce qui se passe.

Il est tentant de vouloir tout faciliter, n'est-ce pas ? Si la question magique s'avère efficace, elle ne règle pas tout. Voyons maintenant comment activer le pouvoir de la flemme durant les périodes difficiles de votre vie.

Principe n° 4

Voguez au gré *des saisons de la vie*

J'ai eu mon deuxième enfant deux semaines après que mon premier a eu deux ans, et je ne garde pas le moindre souvenir de cette époque[16]. J'étais terriblement fatiguée et je vivais dans un brouillard de linge sale et de plats cuits à la cocotte, et je suis sûre que je devais sentir constamment le vomi. Toute cette période se fond dans un sentiment unique d'épuisement.

Je n'appréciais pas ce moment de ma vie et j'avais hâte qu'il se termine. En réalité, je me souviens m'être fait le vœu, tel un chevalier de la cour du roi Arthur, de ne plus jamais avoir d'enfant et ainsi de ne plus jamais avoir à vivre cette période. Je n'ai rien contre les bébés et je prendrai le vôtre dans mes bras avec grand plaisir, mais parmi les différents stades de croissance d'un enfant, celui du nourrisson n'est pas mon préféré. La phase bambin se classe malheureusement juste derrière, vraiment pas loin !

J'étais HS. Plus de bébés.

Cela explique mon effondrement quand, quatre ans plus tard, dans les toilettes douteuses d'une salle de kickboxing, après avoir fait pipi sur un bâtonnet et attendu dix secondes interminables, j'ai vu apparaître sur le test les plus grosses barres que j'avais jamais vues, révélant que j'étais de nouveau enceinte[17]. Je me suis effondrée sur un banc de cette salle de malheur, paralysée par le choc.

Mon plus jeune fils était sur le point d'entrer en maternelle. J'étais à deux doigts de profiter de beaucoup de temps libre entièrement seule *chaque jour*. J'avais des projets avec un

16. Désolée, mon petit Ben, la malédiction du cadet…

17. Oui, je sais pertinemment qu'une salle de kickboxing est un endroit bizarre pour faire un test de grossesse. Si j'avais su qu'il serait positif, j'aurais évidemment choisi un autre lieu.

grand P, et une grossesse surprise n'entrait vraiment pas dans mes calculs. Je pensais que la période nourrisson était terminée pour moi. Quand j'ai découvert que ce n'était pas le cas, je me suis sincèrement sentie dévastée[18].

La culpabilité d'avoir envie d'autre chose

Accepter son lot quotidien n'est pas facile parce que chacun de nous vit différemment chacune des périodes de sa vie. Nous avons tous une personnalité et des aspirations propres, différentes de celles de nos amis, de nos collègues ou des femmes que nous voyons sur Internet. S'ouvrir aux autres de ses difficultés, c'est risquer que certaines personnes se sentent offensées ou rejetées.

La culpabilité que je ressentais du fait que ma grossesse m'attriste était paralysante. Comment pouvais-je pleurer alors que tant d'autres se seraient réjouis ? Comment pouvais-je en toute bonne conscience partager ma tristesse d'être enceinte avec des amis ou des membres de ma famille qui rêvaient d'avoir un bébé, avaient fait une fausse couche ou perdu un enfant à cause d'un cancer ou d'autres circonstances horribles ?

Et alors on garde notre amertume pour nous.

C'est la raison pour laquelle faire preuve d'intelligence et de lâcher-prise est si important. Vous avez le droit de désirer

18. Annie, je t'aime infiniment, et notre famille avait besoin de toi. Tu ne sais pas encore lire, mais si un jour tu tombes sur ces mots, sache que nous t'adorons plus que tout. Peut-être qu'un jour tu te retrouveras enceinte et que tu auras des sentiments ambivalents. Ne culpabilise pas pour cela, pas une seconde. L'amour et l'incertitude peuvent survenir en même temps, ma fille. Tout se passera bien.

des choses qui n'attirent pas d'autres personnes. Vous avez le droit de reculer devant des choses qui procurent de la joie à d'autres personnes. Vous avez le droit de vous consacrer à des choses qui comptent pour vous, même si elles ne comptent pas pour quelqu'un d'autre. Et cela ne nous empêche pas de vivre tous ensemble dans l'amour et la compassion.

Vous avez le droit de désirer des choses qui n'attirent pas d'autres personnes. Vous avez le droit de reculer devant des choses qui procurent de la joie à d'autres personnes.

Si vous traversez un moment difficile sans identifier ce qui vous importe, vous allez vous retrouver écrasée sous le poids des attentes que la société place sur vous. Par exemple, avoir un travail est une chance, et beaucoup de parents aimeraient avoir du temps sans leurs enfants. Mais être mère au foyer est aussi une chance, et de nombreux autres parents aimeraient passer du temps à la maison avec leurs petits.

Une mauvaise passe devient plus oppressante encore si vous ne réfléchissez pas à ce qui est important pour vous. Vous vous retrouvez dépendante des attentes d'autrui et risquez soit de vous contorsionner pour rentrer dans les cases, soit de vous désinvestir totalement. Vous ferez des efforts démesurés ou vous abandonnerez.

Aspirer à autre chose : le tout ou rien

Vous êtes peut-être fatiguée d'attendre des jours meilleurs, et éreintée par la culpabilité de désirer autre chose. Vous détestez votre travail, vos enfants vous épuisent, votre compte en banque est dans le rouge, vous attendez de rencontrer quelqu'un, de divorcer, que votre procédure d'adoption aboutisse.

Dans de telles circonstances, vous vous sentez véritablement frustrée, et c'est normal. Mais si vous ne faites plus que regarder en arrière ou en avant, le mécontentement va finir par s'immiscer dans votre vie et vous murmurer sans cesse :

Il en sera toujours ainsi.

Il n'y a pas d'échappatoire.

Comment parviendras-tu à supporter cela plus longtemps ?

La réaction facile consiste à se désinvestir, à laisser voguer la galère, à éviter les peines, à ne pas tenir compte de ce que la vie vous enseigne et à simplement courber l'échine. Personne ne traverse de mauvaise passe en se disant : « J'ai envie d'être malheureuse jusqu'à ce que cela soit terminé. » Mais en vous désinvestissant, c'est cette voie que vous choisissez malgré tout. La tension entre résignation et espoir vous semble trop lourde à supporter, alors vous vous fermez, purement et simplement.

La réaction combative consiste à s'évertuer à faire en sorte que la vie reste linéaire. Vous n'aimez pas le changement ni le lâcher-prise, alors vous vous agrippez à la situation que vous connaissez. Peut-être êtes-vous cette femme enceinte pleine de bonnes intentions qui déclare qu'un bébé ne changera rien à sa relation de couple. Votre partenaire et vous jurez de rester les mêmes. C'est vrai, mais vous êtes maintenant un couple *avec* un bébé. Et un bébé provoque de grands changements.

Que faire ? Comment gérer cette pression, ces longs mois pendant lesquels vous aspirez à une vie différente, ces changements imprévus ?

Renoncer ou résister ? Heureusement, il existe une autre solution pour traverser une période difficile : concilier combativité et lâcher-prise.

Les choses ne seront pas toujours ainsi, mais elles le sont pour le moment

« Voguer au gré des saisons » ne signifie pas prétendre que tout est rose, que « la vie ne vous impose que ce que vous pouvez surmonter » et autres petites phrases creuses que l'on peut lire sur les cartes de vœux. Cela ne veut pas dire essayer de tout changer pour que votre situation soit telle que vous le rêveriez.

Voguer au gré des saisons consiste à reconnaître votre frustration mais à ne pas la laisser vous dominer.

Il m'arrive souvent d'être contactée par des personnes qui ont lu mon blog ou écouté mes podcasts et qui me demandent de l'aide par rapport à une situation particulière, le plus souvent liée à la période de leur vie qu'ils traversent actuellement. Par exemple, une maman de deux enfants qui jouent dans une équipe de foot différente m'a demandé des astuces pour réussir à prendre leurs repas ensemble le soir, alors que les garçons ne sont souvent pas rentrés de leurs matchs avant vingt heures passées.

Voguer au gré des saisons consiste à reconnaître votre frustration mais à ne pas la laisser vous dominer.

Ma réponse ? Ce n'est pas une saison propice aux dîners autour d'une table. Acceptez la frustration des dîners en décalé, faites votre deuil des repas ensemble et ne vous efforcez pas de reproduire à tout prix une période passée que vous avez appréciée.

Une autre de mes lectrices était totalement submergée par ses deux enfants en bas âge. Le premier avait deux ans et le second deux mois, et elle ne comprenait pas pourquoi elle ne trouvait pas la motivation pour préparer à dîner ou venir à bout de sa pile de linge, ou encore avoir une conversation d'adulte avec son mari à la fin de la journée. Elle m'a écrit : « Je ne sais pas ce qui s'est passé, et je ne sais pas comment régler ça. » Ce qui s'est passé, c'est qu'une nouvelle période de sa vie a débuté, et il n'y a rien à régler parce que cette maman n'a rien fait de travers.

Vous non plus. Les choses ne seront pas toujours ainsi, mais si c'est compliqué en ce moment, apprenez à l'accepter et retenez les enseignements que vous pouvez en retirer.

Prenez les choses une par une

Tout en acceptant les aléas de la vie, apprenez à reconnaître avec honnêteté vos ressentis et soyez disposée à grandir en regard de ce que vous vivez. Prêtez attention à ce qui se présente à vous sans fuite en avant.

Emily P. Freeman nous encourage à prendre les bonnes décisions une par une, à mesure qu'elles se présentent[19]. Je vous assure qu'il n'y a pas de conseil plus judicieux pour traverser la période que vous vivez.

---

19. Elle a consacré un ouvrage entier à ce sujet, *The Next Right Thing* (non traduit en français à ce jour), qui est le maître du livre que vous tenez entre vos mains.

Ne vous embourbez pas dans les souvenirs ni dans l'infinité des futurs. Commencez petit en vous préoccupant de ce qui se présente à vous.

Prenez les choses une par une. Faites tourner une machine de linge sans regretter de ne pas en faire tourner six autres. Essuyez juste le plan de travail de la cuisine. Ouvrez une fenêtre. Appelez une amie.

Commencez petit.

Cette période difficile ne durera pas éternellement, mais tant qu'elle se prolonge, faites une pause. Au lieu de vous forcer à ressentir des émotions plus agréables ou d'ignorer totalement vos aspirations, soyez sincère et reconnaissante. Considérez cette saison de votre vie comme une incitation à rester humaine, à identifier ce qui compte pour vous et à affirmer la personne que vous êtes.

N'ayez pas peur du stress ou de la tristesse. Ne paniquez pas quand la situation devient chaotique. Ne rejetez pas cette période de votre vie parce qu'elle semble exiger de vous plus que vous ne pouvez donner. Accueillez cette tristesse mais ne la laissez pas influer sur vos décisions : voilà comment vous confronter avec discernement à ce qui vous importe.

Voguer au gré des saisons de la vie, c'est se rappeler que les débuts, les fins et ce qu'il y a entre les deux méritent tous votre attention et votre bienveillance, et qu'il est inutile de vouloir accélérer les choses.

Prenez simplement les choses une par une.

Comme l'a dit un jour l'animateur Mister Rogers, « Souvent, quand on pense vivre la fin de quelque chose, c'est le début d'autre chose. »

À chaque période que vous traversez, il se peut que cette autre chose soit déjà en train de grandir en vous.

Inspirez-vous des saisons de la nature

Alors que j'écris ces mots, nous sommes à la mi-mars et le printemps est bien installé. Hier soir, je discutais avec une amie du fait que nous sentions soudain un changement dans l'air. Nous sommes toutes les deux adeptes des rythmes fixes en matière de ménage et de minimalisme , pourtant nous avions toutes les deux envie d'ouvrir toutes les fenêtres, de passer un bon coup de serpillière et d'aller faire un tour en ville. Le printemps est arrivé.
Comme la vie qui est marquée par différentes périodes, la nature connaît elle aussi des saisons, qui provoquent en nous des sentiments que nous ne choisissons pas mais qui sont bien présents. Je pourrais me passer de l'été et de la période stressante des premiers mois d'un bébé, mais je dois malgré tout passer par là.
Si vous avez l'impression de subir les différentes périodes de votre vie, essayez de prendre exemple sur les cycles de la nature. Prenez conscience des rythmes de la météo, de la végétation, des grandes dates de l'année. Vous le constaterez vite : le fait de s'accorder avec les rythmes naturels offre des clés pour accueillir les différentes étapes de la vie, quel que soit le stade où l'on se trouve.

Le printemps

Le printemps est la saison des nouveaux commencements, où la vie renaît. Les jours rallongent, le soleil brille davantage, et l'on remarque des choses que l'on avait d'une certaine manière occultées pendant l'hiver, comme cette couche de poussière sur le meuble télé.

Votre garde-robe passe naturellement du froid au tempéré, ce qui vous fait apprécier ce que vous possédez et vous débarrasser de ce dont vous n'avez plus besoin – généralement tout ce que vous avez acheté uniquement parce que c'est la mode. Le jardin fleurit et vous désencombrez un petit espace pour y installer un vase de marguerites. Les oiseaux viennent voleter près des fenêtres à la recherche d'un endroit où faire leur nid, et l'on se surprend à regarder plus souvent dehors, à admirer la simplicité d'une feuille, du ciel, d'une mésange.
Le printemps marque l'arrivée d'une vie nouvelle, tant dans les arbres que dans les nids d'oiseaux, dans votre dressing et dans votre esprit. Inspirez-vous de l'espérance que porte cette saison et voyez ce qu'elle peut vous enseigner.

L'été

L'été est la saison que j'aime le moins. Je vais passer mon tour sur celle-ci. Coups de soleil, rasage des jambes, moustiques... pitié !
L'été a malgré tout ses bons côtés : il vous rappelle notamment de vous amuser et de prendre votre temps. Même si vous avez des horaires de bureau et que vous ne prenez pas de vacances à cette période, l'atmosphère reste détendue. Vous réapprenez à passer une journée entière dans l'eau ou au parc. Les repas s'organisent en fonction des grondements d'estomacs et respectent moins l'horloge. Vous visitez de nouveaux endroits et vous vous promenez autant que les jambes de vos bambins vous le permettent.
L'envie d'inviter des gens vient plus facilement. Vous proposez à des amis de venir prendre une bière après le travail. Vous mangez des glaces tous les jours. L'odeur de la crème solaire vous transporte à l'époque où vous étiez petite sur

la plage, et vous faites de votre mieux pour ne pas gronder l'enfant qui ne cesse de gigoter alors que vous le badigeonnez. L'été nous rappelle à quel point nous apprécions la routine, mais aussi de pouvoir nous en affranchir. Laissez-vous bercer par l'indolence de cette saison et voyez ce qu'elle a à vous apprendre.

L'automne

L'automne sonne le retour attendu des trousses pleines de crayons taillés et de la routine, tandis que les fêtes commencent à se profiler. Cette saison est la plus plébiscitée parce qu'on aime les écharpes, les bottes et les citrouilles.
Si j'apprécie le changement de temps et de tenue vestimentaire autant que tout un chacun, l'automne comporte pour moi une petite pointe de stress sous-jacente. Tout commence à nécessiter notre attention, et soudain, nous voilà de nouveau submergées par les urgences. On passe du rythme lent de l'été à la frénésie des emplois du temps, et on peut se sentir rapidement sous l'eau.
Pourtant, toutes les saisons ont quelque chose à nous enseigner pour peu que l'on y prête attention. L'automne est le bon moment pour décider de ce qui est important dans votre emploi du temps et sur votre to-do list. Vous ne pouvez techniquement pas entreprendre tout ce qu'accomplissent les autres, alors faites des choix réfléchis. Profitez du rythme naturel de cette saison pour vous autoriser à lâcher ce qui vous emporte par le fond afin de pouvoir consacrer votre énergie à ce qui vous importe vraiment[20].

20. L'automne est aussi la période idéale pour déguster des bowls et apprendre à confectionner son pain. Ce ne sont que des suggestions parmi d'autres, si vous aimez ce genre de choses.

Inspirez-vous de l'activité frénétique de l'automne et voyez les enseignements que vous pouvez en retirer.

L'hiver

L'hiver possède deux facettes.
Il y a la période qui précède Noël, toute de paillettes et de joie, de cadeaux et de promesses. Passer du temps avec des amis, confectionner des petits gâteaux, regarder un énième film de Noël... Certes, on est bien occupé, mais on s'amuse et cela en vaut la peine.
Puis il y a la période d'après Noël. Les guirlandes laissent place à l'ennui causé par le froid qui nous confine, aux cadeaux de Noël déjà rapportés et à la culpabilité d'avoir laissé les résolutions du Nouvel An prendre la poussière.
Accueillons ces deux énergies et apprenons de chacune d'elles. Les réjouissances des fêtes nous rappellent le côté sacré de la famille et des traditions ainsi que la magie des célébrations. Le long cycle qui suit offre le calme dont on a besoin après toutes ces festivités. Acceptez cette tranquillité et l'obscurité comme une occasion bienvenue de ralentir, de vous coucher tôt, d'apprécier chaussons, robes de chambre et boissons chaudes. Profitez de ce que l'hiver vous offre et vous apprécierez encore plus le printemps lorsqu'il fera de nouveau son entrée.
Inspirez-vous de ces contrastes que propose l'hiver et voyez les enseignements que vous pouvez en retirer.

Les saisons nous dépassent

Tandis que vous aspirez à trouver une signification à cette période de votre vie ou en attendant qu'elle devienne plus joyeuse, la nature nous propose gentiment quelques rappels et un sens du rythme, plus que des réponses et des plans à suivre à la lettre. Hiver, printemps, été et automne vous aident à vous souvenir non seulement de là où vous en êtes mais aussi du fait que la roue tourne.

Trop souvent, j'essaie d'instaurer des systèmes pour réussir à traverser les périodes difficiles de ma vie, et c'est la nature qui me répond : « Ma fille, cela fait un moment maintenant que j'enchaîne les cycles de la vie et de la mort. Je m'y connais en changements, alors faisons ce bout de route ensemble. »

Le soleil se lève.

La neige tombe.

Le bébé entre en maternelle.

Les parents décèdent.

La mutation arrive plus tôt que vous ne l'espériez.

L'enfant pour qui vous étiez tout jusqu'à maintenant ne vous parle plus.

Le mari qui vous a choisie change d'avis.

Je ne cherche pas à vous saper le moral, mais la vie est dure. Vous êtes blessée, fatiguée et avez des secrets, tout comme moi ou la jolie inconnue du supermarché.

Vous avez peut-être aussi tendance à considérer votre situation actuelle comme universelle et immuable, et à oublier tout ce qui se passe en vous et autour de vous. Plus vous vous lamenterez sur ce qui vous manque à cet instant dans votre vie, plus vous vous désespérerez, plus vous vous comparerez aux autres, regretterez et, en un mot, vous sentirez déprimée. Vous raterez également les choses positives qui se trouvent juste sous vos yeux.

Voguer au gré des saisons ne signifie pas qu'il faut toutes les aimer ; cela veut dire les accueillir sereinement une par une et les laisser nous enseigner quelque chose.

Au lieu de cela, prenez les choses une par une. Vivez la saison dans laquelle vous vous trouvez en demeurant ouverte à ce qu'elle a à vous offrir.

Je ne dis pas que c'est facile, ce serait mentir. Mais les saisons vous dépassent. Elles vont et viennent, et nous incitent à grandir.

Voguer au gré des saisons ne signifie pas qu'il faut toutes les aimer ; cela veut dire les accueillir sereinement une par une et les laisser nous enseigner quelque chose.

Apprendre des saisons

Si la maman des deux joueurs de foot considère cette étape de la vie avec un sentiment de perte, comme quelque chose qui ne colle pas avec « la façon dont les choses devraient se dérouler », elle risque de devenir amère et de regretter que ses enfants ne jouent pas plutôt aux échecs. Mais si elle prend conscience de la peine qu'elle ressent et qu'elle se montre ouverte aux enseignements que cette « saison » de sa vie peut lui apporter, elle réussira à prendre du recul.

Ce n'est pas un temps pour les dîners en famille, mais il est propice aux pique-niques à l'arrière de la voiture entre deux matchs, aux petits déjeuners ensemble, aux rattrapages de devoirs pendant les trajets à l'école. Ce n'est pas une situation parfaite, mais l'idéal n'est pas notre objectif.

Viser un idéal vous oblige soit à multiplier les efforts, soit à abandonner. Voguez au gré des saisons de votre vie et trouvez de la satisfaction dans chacune d'elles.

Viser un idéal vous oblige soit à multiplier les efforts parce que cette période ne vous offre pas assez, soit à abandonner parce qu'elle ne vous donnera jamais suffisamment. Voguez au gré des saisons de votre vie et trouvez de la satisfaction dans chacune d'elles. Vous êtes sous l'eau parce que vous venez d'avoir un bébé, vous cherchez un nouveau travail, vous êtes dépendante du planning de votre fille qui a de grandes dispositions pour la gym, ou vous attendez simplement que la dame devant vous trouve sa monnaie : soyez satisfaite de la situation où vous vous trouvez. Puisez dans ce qui vous entoure et dites-vous que votre situation actuelle ne durera pas éternellement. Les saisons changent, et vous aussi.

Récapitulons

- Vous pouvez vous soucier de ce que vous trouvez important sans culpabiliser.
- Prenez les choses une par une.
- Les saisons de la nature et cette période de votre vie ont toutes deux quelque chose à vous inculquer, si vous les acceptez et que vous apprenez à vous en satisfaire.

Un petit pas

Regardez par la fenêtre. Observez le sol, le ciel. Voyez ce que la saison en cours a à vous apprendre, là maintenant. Je sais que c'est un conseil sacrément ennuyeux, mais les plus ennuyeux sont les plus utiles.

Tout en apprenant à voguer au gré des saisons et à accepter la période de vie que vous traversez, munissez-vous de votre outil le plus utile : la routine. Quand vous êtes surbookée et que vous n'avez plus de temps pour votre vie intérieure, il est bon d'avoir ce point d'ancrage que sont les habitudes quotidiennes pour vous rappeler ce qui compte. Nous allons travailler à instaurer ces habitudes au chapitre suivant.

Principe n° 5

Instaurez *de bonnes routines*

J'ai vécu une année de CM1 complètement dingue.

Premier gros changement : mes parents ont divorcé. Ma mère avait essayé pendant toute mon enfance de recoller les morceaux avec mon père, mais il nous abandonnait souvent pendant des mois, parfois même des années. Quand j'ai été en CM1, il a officiellement quitté la famille après une absence de deux ans.

Deuxième gros changement : ma mère s'est fiancée avec un ami qu'elle avait rencontré l'année d'avant. Il est mon beau-père depuis vingt-huit ans maintenant, et il est super. Mais à l'époque, je le considérais comme le gars qui allait essayer de devenir mon nouveau papa.

Troisième gros changement : j'ai quitté mon école. Jusque-là, j'avais fréquenté une petite école privée – et les deux dernières années grâce à une bourse. Mais celle-ci a pris fin au terme de mon CE2, alors ma mère a décidé de me faire l'école à la maison, pour garder un lien avec moi pendant cette délicate période de transition.

Chacun gère le chaos à sa manière et, au cas où vous ne l'auriez pas encore compris, ma méthode préférée consiste à tout maintenir en ordre. Plus j'ai le contrôle, plus je me sens en sécurité.

Au début, l'école à la maison ne m'emballait pas. Mais comme ma mère savait ce dont j'avais besoin pour traverser cette période de transition, elle m'a laissé gérer les choses. J'ai participé au choix des manuels, je dressais la liste des devoirs et les rayais au fur et à mesure de la journée, et je décidais quand faire ma pause-déjeuner. J'ai adoré tout ça.

M'asseoir à la même place à la même heure chaque jour, écrire dans les mêmes cahiers, regarder le même épisode de

dessin animé[21] tout en mangeant la même chose au déjeuner : cette routine agissait comme un véritable remède. Le côté prévisible me rappelait que tout allait bien pour moi.
C'est le bienfait de la routine : elle est comme un matelas où atterrir en sécurité.

Le réel intérêt de la routine

Vous adorez peut-être la routine, parce qu'elle vous donne le sentiment de maîtriser la situation, et c'est très bien. Se sentir perdre le contrôle n'est pas amusant et il est normal de vouloir éviter ça autant que possible.
Cependant, il y a un moment où la recherche de contrôle fatigue au lieu de rassurer. En devenant une pro du train-train, vous lui donnez (et vous vous donnez vous-même) une forme rigide et quelque chose d'automatique. Si vous ne respectez pas ces habitudes soigneusement mises en place, vous craignez que tout s'effondre. Et vous voilà de nouveau à multiplier les efforts.

Il y a un moment où la recherche de contrôle fatigue au lieu de rassurer.

Je pense qu'à ce stade vous avez deviné quelle était l'approche de la flemme : laisser tomber. La routine, c'est pour les gens qui n'assument pas leur part de désordre, alors vous lâchez prise. En plus, vous aimez trop dormir pour vous lever à cinq heures du matin afin d'accomplir une routine matinale, donc vous considérez que toutes les routines sont bonnes à jeter.

21. Nous l'avions enregistré sur cassette VHS, et le déjeuner se composait d'une assiette de pâtes avec du jambon et d'un biscuit fourré au chocolat. Un repas de roi, je vous promets.

Encore une fois, mon approche ne ressemble à aucun de ces extrêmes, merci bien. Elle implique que vous vous souciiez de ce qui est important à vos yeux – et une routine simple peut tout à fait y contribuer.

Admettons que ce qui compte pour vous, ce soit d'être au calme le matin. Mais en ce moment, vous avez l'impression de devoir lutter contre un banc de requins juste pour pouvoir boire votre café tiède. Ou bien il est important que vous soyez au top de votre concentration au travail, mais vous ne parvenez pas à faire autre chose que regarder des vidéos sur votre téléphone. Peut-être que ce qui vous tient à cœur, c'est de passer des soirées tranquilles en famille, mais vous vous endormez sur le canapé au beau milieu d'un épisode de votre série. Il n'y a rien de mal en soi à regarder des vidéos et à dormir dans le canapé, mais si vous souhaitez que vos heures de travail ou vos soirées se passent autrement, mettre en place quelques habitudes pourra vous aider.

Vous imaginez qu'une routine se résume à faire les mêmes choses dans le même ordre chaque jour ? Ce n'est pas vraiment ça. Cette dernière a pour but de vous mener vers autre chose.

La routine comme tremplin

Une routine matinale vous *accompagne* vers la suite de votre journée. Une routine après-école vous emmène vous et vos enfants jusqu'à la corvée des devoirs, au dîner et à la classique rengaine : « Quand est-ce que je peux faire mon temps d'écran ? » Une routine du soir vous permet de vous préparer pour une nouvelle journée ou de nettoyer votre maison. Une routine professionnelle vous commande d'activer une autre partie de votre cerveau et de passer en mode productif.

Une routine est un tremplin menant vers autre chose, pas une destination en soi.

Si je considère la routine du coucher de mes enfants comme l'objectif lui-même, je deviens l'esclave de cette habitude au lieu qu'elle soit à mon service. Si c'était la routine qui primait, mes enfants ne pourraient pas veiller tard pour le feu d'artifice ou participer à la fête de Noël en famille.

Mais si elle n'était qu'un simple tremplin menant vers autre chose ? La routine du coucher de mes enfants les aide à s'apaiser avant de s'endormir, et à se sentir aimés et en sécurité. Ce sont les objectifs qui m'importent.

Une routine est un tremplin menant vers autre chose, pas une destination en soi.

Même si une routine aide souvent à se rapprocher d'un objectif qui nous tient à cœur, elle n'est pourtant pas la seule manière d'y parvenir. Mes enfants peuvent s'apaiser et s'endormir dans leur pyjama sur la route pour rentrer à la maison, se sentir aimés et en sécurité en étant avec leurs proches et en vivant des expériences formidables qui sortent de l'ordinaire.

Paradoxalement, quand on laisse la routine devenir prioritaire, on rate l'objectif qui nous tient à cœur.

Si vous voulez instaurer de bonnes routines, identifiez d'abord votre objectif et les raisons pour lesquelles vous le trouvez important.

De vous à moi

Cette idée de routine, de choix intentionnels, fait souvent tiquer. La routine matinale de telle personne consistera par exemple à se lever à cinq heures pour faire du sport et toutes

ces tâches que, selon vous, vous devriez aussi réaliser. Elle vous donne envie de rouler des yeux et, intérieurement, vous vous sentez honteuse.
Instaurer cette routine vivifiante ne fera pas de vous quelqu'un de meilleur ni de pire que la personne qui retarde cinq fois son réveil ou qui n'a mis absolument aucune routine en place. Vous avez le droit de vous préoccuper de ce qui vous tient à cœur, et il en va de même pour tout le monde. S'il vous plaît, ne jugez ni les autres ni vous-même. Félicitez plutôt ceux qui vont dans le sens de leurs rêves, que ces rêves soient semblables aux vôtres ou non.

Ce que Chris Hemsworth peut vous apprendre sur la routine

Ne pas avoir de routine, c'est comme sauter en parachute. En avoir une, c'est comme faire du surf[22].
Dans le saut en parachute, il y a les étapes « dans l'avion » et « hors de l'avion ». Certes, les émotions montent à mesure que l'on attend son tour pour sauter, mais c'est très tranché. C'est « dedans » ou « dehors ». Attendre ou crier comme un putois. Retranscrit dans la vie réelle, cela revient à se faire réveiller par un enfant de quatre ans qui vous saute sur la tête.
La routine ressemble plutôt au surf.
Chris Hemsworth[23] est là dans l'eau, dans sa combinaison mouillée (c'est cadeau), chevauchant sa planche, essoufflé,

22. Je n'ai jamais pratiqué ni l'un ni l'autre parce que j'ai à la fois le vertige et peur de l'eau, mais on va faire comme si je savais de quoi je parlais, même si toutes mes connaissances sur le sujet me viennent de la télévision et de Google.
23. Comment pouvez-vous avoir loupé le beau gosse de *Thor* et *Blanche-Neige et le chasseur* ?

attendant patiemment la prochaine vague. Alors qu'il en voit une se former, il enchaîne les mêmes mouvements : il rame sur le ventre pour prendre la vague, puis saute sur ses pieds une fois que celle-ci l'emporte.

Parfois, c'est une vague de rien du tout et il tombe. Parfois, la vague est énorme et il surfe sur une longue distance. D'autres fois, il se déconcentre et se retrouve sous l'eau. Quel que soit le résultat, la procédure de départ peut être réitérée et elle est destinée à mener vers autre chose.

Une routine est une phase de préparation répétable, et non une destination.

Posez-vous la question : « Pour quoi aimerais-je être mieux préparée ? Quel moment de la journée ou quelle activité précise me donne l'impression d'être poussée hors d'un avion ? » C'est là qu'il faut instituer une routine.

Comment mettre en place une routine

Maintenant que vous avez identifié un domaine dans lequel vous avez besoin d'instituer une routine et que vous avez compris le rôle réel de celle-ci, il est temps de passer à l'action. Voyons les différentes étapes.

1. Commencez petit

Choisissez d'abord une routine qui soit suffisamment modeste pour que vous la suiviez. Si vous visez trop haut, vous ne vous y tiendrez pas. Vous vous rappelez mon échec avec mes grands projets de yoga et mon succès avec une malheureuse posture de chien tête en bas ? Commencez petit.

Quand on apprend à surfer, on ne démarre même pas dans l'eau. La leçon débute sur la plage, allongé sur la planche, puis on s'habitue à se redresser. Un petit pas mène au suivant, et tout cela vous prépare pour la suite.

2. Trouvez une première étape qui soit décisive

Dans *The One Thing : passez à l'essentiel**, Gary Keller et Jay Papasan posent une question centrale : « Quelle est la chose essentielle à faire maintenant qui me permettrait de rendre tout le reste plus facile ou inutile ? »
Appuyez votre routine sur une action unique qui rendra ensuite toutes les autres actions plus faciles ou inutiles, et vous vous sentirez prête même dans les cas où la routine devra être écourtée. Finalement, il n'y a souvent plus besoin de passer par dix ou vingt étapes quand la première est si efficace.
Si vous souhaitez devenir plus productive lorsque vous vous installez à votre bureau pour travailler, il y a certainement une dizaine de petites choses susceptibles de vous aider, mais peut-être que le fait d'écouter de la musique suffirait à pallier l'absence de café.
Cherchez l'étincelle qui aura pour vous l'effet maximal et commencez ainsi.

3. Souvenez-vous où vous allez

Une fois que les listes et les étapes pointent le bout de leur nez, on oublie vite qu'elles ne constituent pas l'objectif lui-même. Celui-ci consiste à vous préparer pour ce qui vous tient à cœur. Les routines n'ont pas pour but de contrôler votre environnement ni de vous enfermer dans une vie à la

manière d'*Un jour sans fin*[24], où la même journée se répète encore et encore. Elles servent à vous rappeler ce qui vous importe avant que votre quotidien trépidant ne vous le fasse oublier.
Et si nous nous entraînions ensemble à imaginer quelques routines ? Commençons par celle du matin (que la plupart d'entre nous ont déjà).

Une routine du matin

Qu'est-ce qui est important le matin ? Quelle énergie voulez-vous porter dans votre corps et dans votre esprit, même quand les circonstances ne sont pas propices ? N'y réfléchissez pas trop longtemps, soyez spontanée. Ensuite, trouvez une chose qui vous permette d'y parvenir.
Pour ma part, c'est mon humeur du matin qui est importante, parce qu'elle affecte souvent le reste de ma journée. Si je pars irritée, mécontente ou avec un sentiment de mal-être, cela perdure généralement. Alors que la journée continue avec des cartables à préparer, des dates butoirs à respecter et des courses à faire, j'ai du mal à trouver l'énergie pour me recentrer sur moi-même. En outre, quand ma mauvaise humeur m'éloigne de ce qui me tient à cœur, j'ai tendance à voir les situations les plus banales comme des obstacles insurmontables.
Les matins où je suis emplie d'énergie positive, éteindre un incendie me semble aussi facile que souffler une bougie. Les matins plus difficiles, c'est comme si je combattais un feu de forêt avec un pistolet à eau.

24. Mon mari craque depuis toujours pour Andie MacDowell à cause de ce film, et je trouve ça excessivement touchant.

Pour bien vivre votre journée, il est essentiel de la débuter en gardant en tête les choses qui vous importent.
La chose qui, pour moi, rend tout le reste plus facile ou inutile consiste à *choisir quoi penser.* Je vous ai déjà parlé de mon cerveau qui tourne comme un hamster dopé dans une roue et pense en permanence à une centaine de choses en même temps. Mon énergie mentale s'éparpille entre le repas du dîner, des idées de livres, la santé d'une amie, ce que pense la caissière parce que j'ai plaisanté en disant avoir laissé mes enfants sur le parking.
Tellement de pensées. Trop de pensées. Certaines sont importantes, d'autres non. C'est la raison pour laquelle je suis déjà fatiguée avant même que le soleil se lève.
Depuis un an environ, je commence ma journée en choisissant ce à quoi j'ai le droit de penser ou non. Cela peut paraître extrême, mais c'est nécessaire pour ma santé mentale. Je passe mes pensées en revue et je retire ce qui n'est pas important : la seule remarque négative sur mon podcast parmi les milliers de commentaires positifs, ma peau qui a l'air plus fatiguée qu'hier, quoi servir pour Noël alors que nous ne sommes qu'en août et que *ce n'est pas encore le moment, Kendra.* Je trie ce qui est important et j'établis des priorités. Oui, choisir le menu du repas de famille du mois prochain est important, mais pas autant que celui de ce soir. Je choisis simplement ce qui est important *aujourd'hui.* Je me consacrerai aux autres pensées à un autre moment.
En organisant ainsi ma routine matinale, je me sens mieux à même de faire face à la journée qui commence, quelle que soit la tournure qu'elle prend.

Ma routine quand je sens que mon travail n'avance pas

J'ai vite découvert que j'avais besoin de pauses. Certaines personnes sont capables d'écrire, de conseiller ou de vendre pendant des heures sans s'arrêter, mais mon cerveau ne supporte pas les longues périodes de travail.
Dans mon bureau, j'ai un sablier qui dure environ quarante minutes. Lorsque je m'installe, je retourne le sablier, je travaille le temps qu'il s'écoule, puis je vais quelques minutes sur mon téléphone. Habituellement, Instagram et la pensée permanente que quelqu'un pourrait m'envoyer un message urgent tuent ma concentration, mais je sais que je peux rester quarante minutes sans prendre mon téléphone.
Après cette pause, je retourne de nouveau le sablier, je travaille jusqu'à ce qu'il soit écoulé, puis je sors de mon bureau pour faire quelque chose d'actif, de créatif ou de relationnel pendant cinq à dix minutes. Parfois, jackpot, je réussis à faire les trois.
Je travaille avec des gens qui étaient des amis avant de devenir des collègues. Généralement, pendant ces dix minutes, je fais le tour de mon lieu de travail (activité), j'écoute éventuellement des messages vocaux de mes amis tout en marchant (relationnel), je joue du piano (créativité), ou je discute avec un ami en revenant (encore relationnel).
Ces dix minutes m'offrent exactement ce dont j'ai besoin pour travailler de mieux en mieux durant les deux tours de sablier suivants.
Ce n'est peut-être pas avant le boulot que vous avez besoin d'une routine, mais au milieu de votre journée.

Avec le temps, j'ai ajouté d'autres éléments (lire, m'étirer, boire un café en silence) mais en commençant avec mes essentiels, je me sens préparée pour ce qui suit, même si un lève-tôt vient interrompre ma routine.

Une routine pour se mettre au travail

Vous et moi, nous avons sans doute des emplois différents, mais nous avons toutes les deux besoin d'une préparation avant de nous mettre au travail. C'est vous qui décidez de la vôtre, mais si vous vous créez une routine centrée non pas sur ce que vous *avez à faire* mais sur ce que vous *souhaitez*, vous vous lancerez plus facilement.

Chaque fois que vous vous mettez à la tâche, demandez-vous : « Qu'est-ce qui est important dans mon travail ? De quelle énergie physique et mentale ai-je besoin au moment de m'y atteler, même quand les circonstances ne sont pas idéales ? » Puis, choisissez cet élément essentiel qui vous permettra de vous mettre au travail même sans aucune autre incitation.

Ma routine pour me mettre en action a connu de nombreuses évolutions au fil des années, surtout parce que mon travail a lui aussi évolué. La manière dont je m'y mets dépend de la tâche à accomplir, selon que je réfléchis à mes podcasts dans mon canapé ou que j'écris ce livre à mon bureau.

L'objectif n'est pas d'établir la même routine chaque jour. Demandez-vous plutôt ce qui est important dans votre travail aujourd'hui, démarrez petit par la chose essentielle susceptible de vous donner le meilleur élan, et faites-la. L'action que vous aurez choisie pourra rester la même pendant des mois ou bien n'être la solution parfaite que pour un jour. L'efficacité d'une routine de travail réside dans le fait de poser la question et d'y répondre selon vos besoins du jour. Pas dans le fait de s'asseoir toujours au même endroit et de prendre le même stylo.

J'ai déjà évoqué le fait que la musique permettait de se mettre dans le bon état d'esprit pour travailler, et c'est vraiment le cas pour moi. Parfois, ma routine pour me lancer consiste à me servir une seconde tasse de café en réfléchissant à ce que je suis en train de faire, parfois à allumer une bougie, mais la musique est toujours un élément déclencheur.

J'ai différentes musiques selon les missions. Me creuser les méninges devant un tableau blanc : un Taylor Swift qui bouge bien. Me concentrer pour écrire : un morceau de piano sombre d'Ólafur Arnalds. Effectuer de menues tâches informatiques : Penny & Sparrow. Ma routine ne consiste pas à choisir un morceau spécifique, encore une fois, mais un en relation avec ce que j'ai prévu de faire ce jour-là, et à toujours commencer par cela.

L'efficacité d'une routine de travail réside dans le fait de poser la question et d'y répondre selon vos besoins du jour.

Instaurez une routine en fonction de vos besoins, identifiez ce qui est important dans votre travail et commencez par faire la chose qui aura le plus d'effet.

Une routine du soir

Qu'est-ce qui est important pour vous le soir ? Quelle énergie avez-vous besoin de cultiver ?

Certains jours, la routine du soir vous prépare à penser au lendemain. D'autres fois, elle vous aide à vous remémorer votre journée.

Tant que vous commencez petit et que vous n'oubliez pas ce à quoi vous vous préparez, votre routine du soir prendra la forme adéquate. La plupart de vos soirées se ressembleront probablement, mais en abordant votre routine avec ma méthode, vous saurez vous préparer pour ce qui vous tient à cœur là maintenant.

Pendant des années, ma routine du soir s'est limitée à remettre un semblant d'ordre dans la pièce de vie. Je rangeais les jouets dans leurs paniers, nettoyais le plan de travail de la cuisine et remettais les coussins sur le canapé. Je le faisais délibérément lentement, parce que la vitesse de mes gestes affecte souvent celle de mon cerveau[25]. Cette routine remplissait son objectif en me préparant à débuter ma journée plus tranquillement et plus sereinement le lendemain.

À présent, ma routine du soir inclut un peu de musique le temps de ranger, et j'allume aussi des bougies. Si mon mari a terminé de coucher les garçons, je zappe la musique et je discute avec lui pendant que nous rangeons ensemble. Parfois, j'ai même le temps d'aller faire un tour du pâté de maisons – un régal quand je n'ai pas été seule depuis cinq heures. Tout cela n'a pas grande incidence sur ma préparation pour le lendemain, mais l'effet est énorme sur mon humeur.

Une routine du soir vous prépare pour le lendemain mais vous permet aussi de vous souvenir de ce qui est important pour vous, là maintenant.

---

25. Je suis à peu près sûre que mon Patronus est un chat sauvage.

Tout le monde ne jure que par ça, mais pas vous

Comme moi, vous avez sans doute lu tous ces articles expliquant pourquoi débuter sa journée en transpirant serait la meilleure des habitudes. Les mannequins le font. Les grands entrepreneurs le font. Alors si vous ne vous levez pas aux aurores pour suer sang et eau, que faites-vous de votre vie ?
Pas facile de choisir les choses qui nous sont essentielles quand tout le monde met en avant sa vision des choses. On comprend qu'un grand nombre de livres de développement personnel soient si décourageants.
Durant certaines périodes de ma vie, j'ai commencé mes journées par des séances intenses de cardio, avec un grand verre d'eau citronnée, avant d'écrire quinze minutes dans mon journal puis d'établir des listes de choses à faire catégorie par catégorie – tout ça parce que quelqu'un avait juré que c'était la meilleure manière de faire.
Mais voilà : c'est à vous de choisir votre meilleure façon d'entamer votre journée.
Pour ma part, je préfère les matins calmes et sans transpiration. Alors pourquoi ferais-je du cardio ?
J'aime le café et je ne me sens pas bien quand je bois de l'eau l'estomac vide, alors pourquoi boirais-je de l'eau citronnée ?
Je me sens frustrée quand mon cerveau va plus vite que mon stylo, alors pourquoi tiendrais-je un journal ?
Je peux me forcer à penser que le plus important consiste à dresser une to-do list au lieu d'écouter ce que mon cerveau s'évertue à me dire, mais pourquoi utiliser des codes couleur et des catégories ?
Si une activité ne vous prépare pas à faire ce qui vous tient à cœur, cela revient juste à créer du « bruit inutile ».
Vous avez le droit de ne pas tenir compte de quelque chose qui ne vous importe pas, et les autres ont le droit de faire autre chose que vous si cela compte pour eux.

S'il vous plaît, procédez tout doucement lorsque vous instaurerez vos routines. Je sais que je me répète, mais si vous les mettez en place trop vite et en plaçant la barre trop haut, vous ne vous y tiendrez pas. L'idéal serait bien sûr de trouver une routine parfaite qui vous mettrait sur les rails dès demain, mais si elle ne fonctionne pas et que, des mois après, vous peinez encore à trouver votre voie, vous aurez moins avancé que si vous aviez décidé de faire une toute petite chose chaque jour sans rien ajouter de plus.

Récapitulons

- Ce n'est pas la routine en elle-même qui est importante. Elle n'est qu'un tremplin permettant de vous mener vers un objectif fondamental.
- Lorsque vous mettez en place une routine, démarrez petit, faites un petit pas qui aura une efficacité maximale et n'oubliez jamais où vous allez.
- Vous pouvez créer une routine pour chaque tâche ou chaque moment de votre journée, mais commencez par ce qui vous tient à cœur, et pas par les étapes censées vous y conduire.

Un petit pas

Évaluez votre manière de débuter vos journées et voyez si vous vous préparez pour les bonnes choses. Si ce n'est pas le cas, choisissez un petit geste qui vous permettrait d'avancer dans cette direction, et faites-le.

Les routines sont formidables pour aller plus facilement là où vous souhaitez vous rendre, mais que faire des autres personnes vivant sous votre toit ? Comment les embarquer avec vous ? Réponse au chapitre suivant : instaurer des règles au sein de votre foyer.

Principe n° 6

Fixez des règles *à la maison*

Avant de nous marier, mon mari et moi sommes sortis ensemble, comme tout le monde, mais nous avons franchi les étapes *extrêmement* vite. Pour notre premier rendez-vous, il est venu au mariage de ma sœur et a rencontré l'ensemble de notre famille élargie. Lors de notre deuxième rendez-vous, nous avons parlé mariage (entendez « le nôtre »). Lors de notre troisième rendez-vous, j'ai fait la connaissance de ses parents.

Je ne conseille pas de procéder ainsi, soit dit en passant.

Kaz[26] est japonais, et lors de cette première visite à ses parents, il m'a expliqué leur habitude culturelle consistant à retirer ses chaussures avant d'entrer. Quand j'ai passé la porte, j'ai donc veillé à ôter mes bottes sans qu'elles ne touchent le tapis. J'ai eu l'impression de jouer à « le sol, c'est de la lave », comme les enfants.

Vous n'êtes peut-être pas sorti avec un Japonais, mais vous êtes certainement déjà entré dans une maison possédant des règles dont vous n'avez appris l'existence qu'au moment où vous les avez violées. Pas drôle, n'est-ce pas ?

Je suis entrée dans des maisons où je suis restée sur mes gardes, à prêter attention au moindre détail pour ne pas offenser mes hôtes. Vous est-il déjà arrivé d'aller chez quelqu'un pour la première fois et de vous dire en partant qu'on ne vous réinviterait jamais ?

Si vous mettez le paquet sur les règles dans votre propre maison, c'est sans doute que vous vous focalisez sur une chose à laquelle vous aimeriez prêter moins attention : votre réputation, le soin que vous apportez à votre déco intérieure – un sentiment général d'insécurité, de ne pas être à la hauteur.

---

26. Rime avec « Oz » et non avec « jazz ».

En leur for intérieur, la plupart des gens ne veulent pas être dépendants de ces choses. Ils souhaitent vivre de façon authentique et être acceptés tels qu'ils sont.
De l'autre côté de la balance, nous avons l'approche de la flemme : n'avoir absolument aucune règle à la maison.
Mes règles sont différentes. Inutile de mettre une housse plastique sur votre canapé et de dégainer votre Super Aspiro dès qu'un enfant fait tomber un biscuit par terre. C'est ce que j'appelle « vivre en mode protection » et, fiou, c'est épuisant. Mais vous n'êtes pas obligée pour autant de vivre comme des hippies au milieu de substances douteuses.
En alliant astuce et lâcher-prise, les règles pour la maison consistent en de simples choix destinés à vous aider à aller dans le sens de ce qui vous importe, à vous et à votre famille. Oui, ce sont des règles concrètes et tangibles, mais elles visent à créer un environnement empreint d'amour, et pas bardé de protections.
Je vous connais assez pour deviner laquelle de ces possibilités vous choisissez.
Voyons comment ces règles domestiques peuvent favoriser les liens avec les autres.

Connexion plutôt que protection

Nous avons tous connu des jours où les dominos tombaient trop vite et dans la mauvaise direction. Un choix a mené, on ne sait comment, à une dizaine d'autres choix non voulus, tout s'écroule et on ignore à quel moment cela a déraillé.
La réaction courante dans ces moments est généralement protectrice : vis-à-vis de la maison que vous venez de nettoyer, de la chemise qui sort de la machine et se retrouve déjà

sale, de votre santé mentale. C'est un instinct naturel, qui pourtant ne mène pas souvent dans une direction très utile. Alors vous reculez. Vous vous renfermez, ne répondez plus que par monosyllabes et vous vous sentez plus bas que terre. Peut-être que la colère vous gagne également (c'est mon cas). Quand le chaos persiste, j'accuse mes enfants et les dispute, au lieu de respirer et de rester concentrée sur ce qui importe vraiment.

Dans ces moments, rappelons-nous qu'il est plus facile de nettoyer une tasse de lait renversée que de consoler un enfant vexé.

Chacun a sa définition du chaos, mais il y a des situations où l'on se met à regretter de ne pas avoir une maison plus grande ou un compte en banque plus fourni, où l'on se sent frustrée que notre mari n'aide pas davantage, où l'on scrolle sur Instagram en nous laissant piéger dans des comparaisons qui ne servent qu'à nous enfoncer dans des schémas protecteurs.

C'est généralement là que je mange du chocolat parce que je suis fâchée.

Oui, j'aime l'ordre, mais pas au détriment de bonnes relations avec ma famille et avec moi-même. C'est pour cela que mes règles ne sont pas des obligations arbitraires du type « toujours utiliser des sous-verres ». Ces règles domestiques sont là pour faire en sorte que les dominos restent en équilibre jusqu'à ce que vous soyez prête à les faire basculer dans la bonne direction, au lieu qu'ils tombent tout seuls dans le mauvais sens parce qu'un enfant a oublié de ranger le jus de fruits.

Le but : la connexion, pas la protection.

Comment empêcher le premier domino de tomber

Marcher sur un Lego ne me transforme pas en monstre, mais marcher sur un Lego après que j'ai nettoyé des crottes de nez sur le canapé, trouvé une autorisation de sortie à rendre il y a quinze jours et m'être rendu compte que j'ai oublié les yaourts dans la voiture au soleil, ça oui.

Comment identifier le premier domino et l'empêcher de tomber ? Essayez de repérer les moments où vous êtes en mode protection et non plus en mode connexion. À quels moments de la journée vous isolez-vous ou vous fâchez-vous régulièrement ? Que fait votre lycéen qui vous fait sortir de vos gonds ?

Identifiez ce qui vous met en rage et vous fait passer en mode protecteur. En instaurant une règle susceptible d'empêcher le premier domino de tomber, vous réussirez à garder intact le reste de vos dominos – ainsi que votre connexion avec autrui.

Embarquez tout le monde en proposant une règle à la fois et voyez comment ça se passe.

Aucune règle ne convient à toutes les familles

Ce qui fonctionne pour moi ne sera pas forcément adapté pour vous. Nous n'avons pas les mêmes priorités, nous ne sommes pas sensibles de la même manière et nous n'avons pas la même vision de la connexion.

En découvrant les règles que je vais vous présenter, prêtez davantage attention à la manière dont j'ai instauré chacune d'elles plutôt qu'à leur contenu. Il vaut mieux que vous compreniez comment créer une règle plutôt que suivre les miennes à la lettre. Ne copiez pas celles d'un autre foyer, même si cela vous paraît plus facile. Vous avez le droit de vous faire confiance et de choisir ce qui vous convient le mieux.

Ma règle pour le retour de l'école

J'ai déjà évoqué la frénésie des deux heures qui suivent la fin de l'école. Le nombre de tâches à accomplir en ce laps de temps, entre le moment où je récupère les enfants et celui du dîner, est tout à fait scandaleux : on comprend que maman se transforme en Hulk en un claquement de doigts.

J'ai fortement réduit ma dose d'angoisse en recourant à la « question magique » : « Que puis-je faire maintenant pour me faciliter les choses au retour de l'école ? » Une de mes réponses : l'assiette à grignoter. Mais un goûter n'est pas une règle. Je n'en prépare pas tous les jours et ce n'est pas la seule chose qui empêche mes dominos de tomber.

Après avoir observé comment les choses se passaient pendant quelques après-midis, j'ai repéré mon facteur déclencheur (le premier domino vacillant) : les affaires d'école qui traînent par terre. En rentrant de l'école, les enfants laissaient automatiquement leurs cartables sur le sol, et je ne manquais jamais de trébucher dessus dans les deux minutes qui suivaient, ce qui me changeait direct en animal aux aguets. J'ai un instinct de survie extrêmement développé.

En plus de déclencher une réaction de stress, ces affaires d'école éparpillées par terre en attirent automatiquement d'autres : aux sacs à dos et autres vêtements, s'ajoutent les pochettes de devoirs et les documents d'école, et tout cela finit par se perdre comme si la maison était le triangle des Bermudes. Le désordre agit comme un aimant, et le bazar par terre me paraît bien pire que celui sur un plan de travail (et c'est aussi plus attirant pour les enfants).

Arrive la petite sœur. Annie aperçoit les dessins que leurs frères ont abandonnés et imagine qu'elle peut se les approprier. Elle a trois ans, et tout ce qui se trouve au sol est une proie facile pour elle. Quand le grand frère la voit jouer avec son dessin, il se met à sangloter, si bien que l'autre frère pleure de concert parce qu'il ne sait pas comment réagir devant une telle manifestation d'émotions. Pendant ce temps, Annie déchire le dessin en deux. Je n'ai pas eu le temps de réagir parce que j'ai trébuché sur un énième cartable.

Vous pensez que je plaisante, mais c'est un après-midi classique. Quand il rentre du travail, le pauvre Kaz se retrouve au beau milieu d'une arène.

Vous devinez quelle est notre règle pour le retour de l'école ? Les affaires d'école sur le plan de travail ! Les affaires d'école sur le plan de travail !

Je dois le répéter plusieurs fois chaque jour quand nous rentrons parce qu'ils oublient encore, mais passer pour un disque rayé vaut mieux que l'autre scénario susmentionné.

Cette règle a totalement changé nos après-midis. Le désordre est circonscrit. Les devoirs et les autorisations de sortie ne se perdent plus. Je ne me cogne plus les orteils. Comme Annie ne peut pas encore atteindre le plan de travail, elle n'embête plus ses frères en prenant leurs affaires. Et maman ne se transforme plus en monstre terrifiant qui se fâche pour des broutilles. Ma relation avec mes enfants est meilleure.

Notre règle pour le retour de l'école évite que ce premier domino ne tombe, et les fins d'après-midis sont bien plus paisibles. Pas totalement calmes parce que c'est impossible, mais, grâce à cette unique règle, nous avons plus de chances d'arriver à l'heure du dîner dans une humeur sereine.

Ma règle pour le plan de travail de la cuisine

Tous les livres ou émissions de déco disent que la cuisine est le cœur de la maison, et c'est peut-être pour cela que vous avez souvent l'impression de friser la syncope. Vous y préparez tous les repas, on y trouve aussi plein de choses non alimentaires telles que du courrier ou des sacs de vêtements à porter au dépôt-vente, et c'est l'endroit qui se salit le plus vite car *ils sont vraiment encore en train de manger ?*

Si vous vous sentez submergée par la pagaille qui règne dans votre cuisine et que vous avez l'impression de ne jamais pouvoir en venir à bout, il y a de grandes chances que cette situation fasse tomber quelques dominos.

Vous êtes agacée parce que personne d'autre ne semble se soucier d'avoir une pièce rangée, alors vous vous repliez sur vous-même.

Vous retrouvez votre stylo préféré sur le plan de travail au milieu d'une mare de pâte à tartiner parce que vous vivez dans une véritable porcherie, et vous sortez de vos gonds.

Vous culpabilisez. Vous vous accusez d'être incapable d'avoir une maison propre, et vous passez vos nerfs sur les autres.

Cela peut sembler exagéré, mais cette situation n'en est pas moins réelle. Des choses banales prennent soudainement beaucoup d'ampleur, et vous ne comprenez pas pourquoi une cuisine en désordre génère autant d'émotions.

Les règles domestiques ne sont ni un moyen d'ignorer ces sentiments ni une manière de garder le contrôle de votre cuisine et de votre vie : ce serait une tendance protectrice. Elles sont un outil pour viser ce qui vous tient à cœur et vous éviter de trop dévier de la route que vous avez envie de prendre.

Si votre route commence par de la frustration à cause d'une cuisine sens dessus dessous, envisagez d'adopter cette règle : le plan de travail de la cuisine n'est pas un dépotoir.

Si vous le considérez comme un placard ou un tiroir, vous y mettrez tout et n'importe quoi et cela restera là pendant des lustres : une pile d'enveloppes sur la corbeille à fruits, un tire-bouchon à côté du liquide vaisselle, les livres de la bibliothèque beaucoup trop près de l'évier.

Le fouillis agit comme un aimant : plus il y a de choses sur le plan de travail, plus cela va s'accumuler. Et plus cela va vous énerver. Vous êtes peut-être plus zen que moi, mais j'ai du mal à gérer mes relations quand je suis agacée. C'est possible, mais difficile.

Instaurez une règle, mais surtout faites en sorte qu'elle fonctionne pour vous. Le but n'est pas que votre cuisine ressemble à celles des magazines de décoration ni à une maison-témoin. Vivez. Mais si vous trouvez que votre cuisine ne vous convient pas à cause de ce plan de travail encombré, une règle peut avoir son utilité.

Repérez ce qui pourrait aller ailleurs. Ne faites rien encore : observez seulement. La corbeille de fruits est à sa place ; le sac rempli de sacs plastiques ne l'est pas. Le pot de spatules et autres ustensiles est le bienvenu près de la plaque de cuisson ; la pile de magazines, non. Le moulin à poivre ne dérange pas sur le plan de travail, mais il est bizarre de devoir pousser un flacon d'antidiarrhéique pour l'attraper (ce qui ne m'est jamais arrivé[27]).

Vous ne vous sentez pas plus légère après ce rappel que votre plan de travail sert à cuisiner et qu'il n'est pas un bazar à ciel ouvert ? En retrouvant une cuisine fonctionnelle et de l'espace, vous vous sentirez sans doute un peu libérée. Et quand votre fille viendra vous demander de l'aider à faire un bracelet pendant que vous préparez le dîner, vous ne vous sentirez pas agacée parce qu'elle participe au désordre qui vous submerge. Au contraire, vous vous ouvrirez plus facilement à cette connexion.

Ma règle pour le dressing

Cette règle est plus destinée à moi qu'à ma famille, mais elle est utile malgré tout.

Mon corps est l'un des domaines dans lesquels j'ai le plus tendance à me montrer protectrice. Comme je l'ai déjà évoqué, ma liste d'injonctions relatives à l'apparence est longue comme le bras, et les vêtements que je porte sont en lien direct avec ce souci.

Si je suis confortable dans ma tenue, j'ai plus de facilité à me sentir à l'aise dans ce que j'entreprends. J'établis des liens avec les gens au lieu de me protéger en me cachant ou en m'excusant d'exister, au propre comme au figuré.

Néanmoins, pendant des années, je n'ai pas eu confiance en mon apparence. De quoi ai-je l'air dans cette tenue ? J'avais toujours besoin d'un second avis. Demander à une amie ce qu'elle pense de votre nouveau pantalon n'est pas une

27. En fait cela m'est arrivé. La soupe en a heureusement réchappé.

mauvaise chose. Vous acceptez de vous dévoiler. Vous vous exhibez dans la cabine d'essayage et laissez quelqu'un vous regarder. Pour la plupart des femmes, c'est déjà une victoire. Mon problème : j'accordais plus de valeur à l'opinion d'autrui qu'à la mienne, à tel point que j'achetais ce que mon amie, ma mère et mon magazine de mode me disaient d'acheter. Si j'aimais vraiment un pull mais que j'étais la seule, je le reposais. Si on me trouvait « trop belle » dans une robe, j'en faisais l'acquisition, même si j'avais l'impression de ressembler à une meringue. Les robes meringues sont chouettes, mais je préfère le noir, le jean et éventuellement quelques rayures. Oui, oui, grosso modo, je me sens à l'aise quand je suis habillée comme Steeve Jobs.

Par voie de conséquence, mon dressing était plein de vêtements que je ne portais jamais. Mes amies se trompaient-elles quand elles me disaient que certaines tenues m'allaient bien ? Pas du tout, mais il n'y a que moi qui sais ce que je porterai vraiment. Si je ne me sens pas à l'aise dans une tenue, je ne pense plus qu'à mon apparence et pas à la personne avec qui je suis en pleine conversation.

Un dressing plein de vêtements choisis par quelqu'un d'autre me met en mode protection, et non en mode connexion.

Vous l'aurez compris, j'ai maintenant une règle pour mon dressing : « Si quelqu'un te dit que tu devrais acheter un vêtement, ne l'achète pas. »

Est-ce une règle universelle que tout le monde devrait appliquer lors de ses séances shopping ? Absolument pas. Mais c'est une règle dont j'ai besoin pour empêcher ce premier domino de tomber.

Des règles avec moins d'enjeux émotionnels

Je vois peut-être un peu trop le « verre à moitié vide », alors allégeons un peu l'atmosphère. Certes, instaurer des règles à la maison permet d'éviter que le premier domino ne tombe, pour autant, les domaines d'application n'ont pas forcément trait à des problématiques psy sérieuses.
Restons simplement concentrées sur ce qui nous tient à cœur – et certaines des choses qui nous importent sont toutes simples.

Une règle pour la lecture

J'adore lire, mais je perds facilement mon élan. Pour le garder, j'ai une règle : « Commencer un nouveau livre dans les vingt-quatre heures après avoir terminé le précédent. »
Si vous aimez digérer vos lectures pendant quelque temps, cette règle est tout l'inverse de ce qu'il vous faut. Mais je ne suis pas ce genre de lectrice. Mes livres préférés sont des romans dystopiques avec une héroïne tourmentée, une société patriarcale à mettre à terre, un amour non réciproque entre l'héroïne et un membre de cette société patriarcale, le tout saupoudré d'un peu de magie ou d'armes intergalactiques. Ce type de livre n'est pas du genre à véhiculer des messages qui vous font réfléchir pendant des heures, les yeux tournés vers l'horizon.
J'ai remarqué que si je ne commençais pas un nouveau livre dans la journée après en avoir terminé un, je laissais la lecture de côté. Comme j'adore lire et que je dépense plus d'argent dans ce domaine que dans tout autre, j'ai envie de perpétuer des habitudes qui me permettent de m'adonner à cette activité *qui me tient à cœur*.

J'ai une bibliothèque pleine de livres que je suis impatiente de lire, une liseuse Kindle Paperwhite dans mon sac à main, ainsi qu'un système qui me permet de noter et de suivre ce que j'ai lu. Mais j'ai besoin d'une règle pour faire tomber mon premier domino.

Une règle pour les téléphones à table

Je crois que cette règle existe dans un grand nombre de familles. Pas dans la nôtre parce que nos enfants n'ont pas encore de téléphones et parce qu'une bonne partie de nos dîners consiste à discuter avec les grands-parents sur FaceTime.

Cela dit, cette règle d'interdire les téléphones à table s'inscrit dans un désir de connexion.

Un téléphone sur la table risque de faire tomber le premier domino, et le dîner de devenir un moment où personne ne prête attention aux autres, où vous êtes fâchée contre tout le monde parce personne ne parle, où vous vous reprochez d'être un mauvais parent.

(OK, cet exemple peut lui aussi vous orienter vers les séances de psy.)

Le téléphone n'est pas mauvais en soi, mais s'il vous détourne de ce qui vous tient à cœur (par exemple, discuter à table) envisagez d'instaurer une règle qui évitera de faire tomber le premier domino.

Une règle pour le ménage

Quelques objets qui traînent, ce n'est pas si terrible. C'est même un signe de vie. Mais plusieurs piles de choses mal rangées commencent à créer du bazar et peuvent vous donner l'impression frustrante d'être submergée.

Pour garder autant que possible les choses sous contrôle, nous avons une règle dans la famille : « Ranger une chose avant d'en commencer une autre. »

Je range la vaisselle du dîner avant de faire un gâteau. Les enfants doivent remettre à leur place les feutres qu'ils ont utilisés pour leur projet d'art plastique avant de monter leur circuit de petites voitures au milieu du salon. Nous rangeons le linge tous ensemble avant d'installer un parcours *Ninja Warrior* avec les coussins du canapé.

C'est une règle simple, centrée sur ce qui nous importe : avoir des espaces propices à la connexion.

Une règle pour trouver ses clés

Vous n'aimez pas partir dans la précipitation ni être en retard.

Si la rangée de dominos tombe parce que vous perdez constamment vos clés ou que votre lycéen les a gardées dans la poche du jean qu'il porte en ce moment *et qu'il n'est pas à la maison,* instaurez une règle : « Les clés vont dans ce vide-poches et nulle part ailleurs. »

Si tout le monde la respecte, alors on sait où trouver les clés. Le premier domino ne tombe pas et on évite la frustration ainsi que de penser que son enfant est irresponsable.

Instaurer des règles à la maison

Quelle rangée de dominos voulez-vous empêcher de tomber ? Lesquelles de vos habitudes vous détournent de ce qui est important ?

Repérez le moment où vous perdez la connexion, puis rembobinez le film. Quand vous parvenez à ce qui pourrait être le premier domino, essayez de trouver une règle.

Je tiens à répéter qu'il n'est pas question de tout contrôler. Le but n'est pas de créer une armée d'obsessionnelles. Le désordre est normal. Il arrive de s'effondrer. Parfois, les dominos tombent tout seuls et nous culpabilisons bien assez pour ça.

Mais au lieu d'avancer à chaque fois l'argument « Je suis comme ça, c'est tout », trouvez des règles qui vous aideront à évoluer et à devenir plus agréable. C'est une solution concrète qui permet d'identifier le moment où vous devenez cette version de vous-même que vous n'appréciez pas beaucoup, et de vous aider à rester concentrée sur ce qui vous tient à cœur.

Cherchez des occasions d'instaurer ce type de règles, incitez votre famille à les respecter et voyez comme la vie sera plus douce.

Récapitulons

- On instaure des règles dans la maison dans un but de connexion, pas de protection. Elles évitent que le premier domino ne tombe et ne renverse toute la rangée.
- Aucune règle ne conviendra à tout le monde. Choisissez ce qui fonctionne le mieux pour votre famille.
- L'objectif n'est pas de tout contrôler, mais de trouver davantage de sérénité pour vous consacrer à ce qui vous importe, notamment vos proches.

Un petit pas

Est-ce qu'il y a des sujets de friction récurrents au sein de votre famille ? Ayez une petite discussion tous ensemble et cherchez une règle simple qui éviterait que vos frustrations ne dégénèrent en disputes. Instaurer des règles n'est pas une tâche qui vous est réservée. Faites-le ensemble : c'est l'un des avantages d'être une famille.

Il y a une règle qui mérite un chapitre à part entière : « Mettre chaque chose à sa place ».
Allons-y.

Principe n° 7

Mettez *chaque chose à sa place*

Je rêve secrètement de vivre dans une *tiny house*. Une baignoire qui peut faire office de planche à découper ? Un placard réfrigérateur ? Un mobilier intégralement blanc, en bois, et merveilleusement beau ?
J'achète. Si on peut dire.
Vraiment, tout ce que je désire, c'est de la simplicité.
L'intérêt de vivre dans une *tiny house*, à mon sens, c'est que le fouillis est réduit. Vous avez vue sur tout ce que vous possédez. Vous savez où chercher quand vous avez perdu quelque chose. Vous réduisez l'essentiel à ce que l'espace vous permet.
Même si le concept de la *tiny house* ne convient absolument pas à notre famille, je reste tentée par cette approche ingénieuse. Pour avoir une once de contrôle sur ce que je possède, il faudrait que je reparte de zéro et que je vive avec presque rien[28].
Admettre, en toute bonne conscience, qu'il m'est impossible de tout vendre pour ne plus devoir ranger me donnera peut-être envie de verser dans la flemme et de laisser le chaos prendre le dessus. N'avoir plus aucune règle et finir à la télé dans une émission de nettoyage de l'extrême !
Même si les solutions « minimalisme radical » ou « flemme extrême » permettraient à ma famille d'avoir ses entrées dans la téléréalité, l'idée n'est pas terrible sur le long terme. Vous et moi devons adopter une nouvelle approche vis-à-vis de nos objets. Heureusement, en voici une.

28. Ce n'est pas le cas de toutes les personnes qui vivent dans des *tiny houses*, mais ce le serait pour moi.

La vérité sur votre espace

Quel que soit le volume de vos possessions, voici mon approche : mettez chaque chose à sa place. Ce qui veut dire que chaque chose *doit* avoir une place.

Si vous considérez votre maison comme un espace délimité (ce qui est le cas) et les systèmes de rangement qu'elle contient comme également limités (ce qui est le cas également), vos possibilités sont restreintes. Il n'y a pas tant d'endroits où ranger vos affaires.

Si vous vous retrouvez submergée, c'est probablement que votre maison fait office de tiroir à vieux bazar. Je ne dis pas que vos affaires sont des vieilleries, mais vous les rangez comme si c'était le cas.

Si vos affaires sont posées en tas aléatoires ou fourrées dans une multitude de paniers, vous ne leur offrez pas de réelle place, d'endroit où les retrouver sans peine.

Ravie de te rencontrer, capharnaüm.

Votre réaction face au désordre ressemble sans doute à la mienne : « Brûlez-moi tout ça ». Vous avez trop de choses, alors vous êtes prête à vous débarrasser de tout. Pourtant, avoir du fouillis ne veut pas forcément dire avoir trop de choses. Cela veut dire que vos affaires n'ont pas de place attitrée. Si chaque chose est à sa place au sein des limites imposées par votre logement, votre espace devient plus apaisant et apte à contenir ce qui vous importe le plus.

Avoir du fouillis ne veut pas forcément dire avoir trop de choses. Cela veut dire que vos affaires n'ont pas de place attitrée.

Pas besoin de devenir minimaliste ! Rangez simplement vos affaires.

Faire de la place pour ce qui est important

J'ai plusieurs bibliothèques parce que je possède plusieurs centaines de livres. J'adore lire et j'aime les livres de tout mon cœur. Leur faire de la place est donc important pour moi. C'est le principe de donner une place à chaque chose. Votre domicile est censé pouvoir contenir ce qui vous tient à cœur, à vous et à votre famille. Les choses qui ne sont pas importantes empiètent sur l'espace des choses qui importent.

Si je décorais mes bibliothèques avec des objets autres que des livres, comme on le voit partout dans les magazines, ce serait superbe mais inutile. Les bibelots et autres vases prendraient la place de mes livres, qui comptent beaucoup plus pour moi.

Si comme moi vous aimez les livres, la réponse à vos problèmes de rangement ne réside peut-être pas dans l'achat d'un nouveau meuble, mais plutôt dans le fait d'en retirer ce qui vous intéresse moins. Décidez de vos priorités et laissez tomber le reste.

À mesure que vous mettrez chaque chose à sa place dans les limites naturelles imposées par votre domicile, vous identifierez ce qui est superflu : ce sont les objets qui n'ont pas de place attitrée.

Faites de la place pour ce qui est important à vos yeux, et vous repérerez mieux ce qui ne l'est pas.

Le problème avec le rangement par le vide

Chaque fois qu'on me fait remarquer à quel point mon intérieur pourrait être simple et ordonné, j'ai le réflexe de saisir un rouleau de grands sacs poubelle et de tout jeter. Je me suis rendue à la recyclerie située au bout de ma rue plus de fois que je ne pourrais le dire pour faire des dons.

Repartir de zéro, de préférence sans mettre le feu à la maison, est assez tentant. L'envie est grande de se débarrasser de tout, mais ça ne serait qu'un pansement sur une jambe de bois.

Comme un grand nombre de méthodes radicales, celle du grand sac poubelle ne mène pas loin. Vous allez désencombrer votre espace de vie en un claquement de doigts mais, sans vous en rendre compte, vous vous retrouverez bien vite au même point. Comment cela se fait-il ?

Ce qu'il vous faut, ce n'est peut-être pas avoir moins d'affaires, mais assurément, de meilleures *habitudes*.

Il suffit de toutes petites habitudes quotidiennes et votre maison paraîtra mieux organisée et plus accueillante – et vous n'aurez même pas l'impression d'avoir fait des efforts. Partante ?

Habitude de rangement n° 1 : mettez chaque chose à sa place, le plus tôt possible

Le fouillis attire le fouillis, comme un aimant. Je vous jure, une enveloppe posée sur le plan de travail se transforme en cinq minutes en une tour de Pise de bons de réduction de chez Pizza Hut. Les choses s'accumulent sans qu'on le remarque. Si vous ne remettez pas régulièrement chaque objet à sa place, vous risquez de vous retrouver à nouveau en opération « sac poubelle » ou « allumette », aucune de ces deux solutions n'étant le but recherché.

Rangez chaque chose à sa place dès que vous le pouvez, et vous neutraliserez le pouvoir magnétique du désordre. Faire tomber ce premier domino permet de faire fonctionner l'ensemble de votre intérieur en vous laissant de la place pour ce qui vous tient à cœur.

Commencez petit, mais commencez vite. Par exemple, après avoir préparé votre café du matin, remettez le lait au frais et mettez la cuillère dans l'évier ou le lave-vaisselle. Rincez la cafetière dès que vous avez versé la dernière tasse. Incitez vos enfants à ranger les céréales juste après s'être servis plutôt que d'attendre que tout le monde soit sur le départ ou, pire, de débarrasser le petit déjeuner pour préparer le dîner, des heures plus tard. Mettez le courrier dans la bannette quand vous ouvrez la porte. Défaites les valises dès que vous rentrez de vacances.

Je ne suis plus la femme-robot qui rangeait tout à la perfection, mais j'admets que cette règle doit y ressembler dangereusement. Pourtant, le but de ranger ses affaires au fur et à mesure n'est pas d'avoir un intérieur impeccable ni de vous changer en maîtresse de maison exemplaire. L'objectif est d'éviter que le fouillis ne pullule comme des boutons de varicelle, et ne devienne une cause d'agacement.

Le fait de ranger ses affaires permet d'apprécier ce que l'on possède, plutôt que de se sentir frustré parce que tout cela prend trop de place.

Habitude de rangement n° 2 : trouvez un emplacement avant de rapporter quoi que ce soit à la maison

Chaque nouvel article qui passe votre porte (courses alimentaires, vêtements, bibelots, paniers de rangement) doit avoir sa place.

Vous êtes dans un magasin et envisagez d'acheter quelque chose ? Généralement, vous vous demandez si l'article vaut son prix ou si vous pouvez vous l'offrir. Tout le monde adore faire des affaires et est attiré par de nouvelles choses, surtout quand elles sont en solde.

Et si vous vous demandiez plutôt où vous mettrez votre achat ? « Je trouverai bien » n'est pas une réponse acceptable. Visualisez-vous l'endroit où vous le rangerez : dans votre cuisine ou votre dressing ? Est-ce qu'il faudra forcer pour faire rentrer ce nouvel objet ? Êtes-vous sûre de l'utiliser ? Est-ce qu'il vous sera utile ?

Se poser ce type de question *avant* tout achat est une habitude formidablement efficace. Je n'ai rien contre l'idée de s'offrir des choses sympa, mais ne le faites que si elles sont importantes pour vous et que vous avez une place toute trouvée pour elles. Sinon, elles ne feront qu'ajouter du fouillis.

Habitude de rangement n° 3 : jetez ce qui va à la poubelle

Ce n'est pas une remarque méprisante. Moi-même, je tarde souvent à le faire.

Quand je parle de ce qui est à jeter, je pense aux choses évidentes et sales : mouchoirs en papier, couches souillées, marc de café. Mais aussi aux jouets cassés que vous remettez à chaque fois dans le coffre à jouets, la télécommande qui traîne encore sur la table basse alors que c'est celle de votre avant-dernière télé, la barrette qui ne ferme plus.

Ne les laissez pas traîner et s'ajouter à la pagaille, leur pouvoir magnétique est phénoménal. Mettez-les à leur place : c'est-à-dire à la poubelle. Cela paraît évident, mais ce sont généralement les choses les plus visibles qu'on oublie.

Habitude de rangement n° 4 : rangez une chose par jour

Certaines zones de la maison sont si encombrées que vous atteler au rangement semble mission impossible.

Vous savez de quoi je parle car nous avons tous un espace de ce genre : le plan de travail de la cuisine, le tiroir à bazar, la commode de la chambre, la penderie de l'entrée… Ranger toutes ces choses est vraiment pénible ou, pire, vous n'avez pas d'endroit où les mettre. La plupart d'entre nous ont ainsi une zone où des objets SDF attendent que vous trouviez le temps de les ranger.

Ce qui n'arrive jamais.

Alors, ils agissent comme des aimants et se multiplient, jusqu'à ce que vous vous retrouviez de nouveau à taper « *tiny house* » sur Google.

Au lieu de cela, choisissez la plus petite et la plus abordable de ces zones dormantes, et rangez une chose par jour.

Juste une.

Cela semble insignifiant, mais vous accomplirez alors deux choses importantes. Premièrement, vous allez lentement mettre chaque chose à sa place, et on dit bien « lentement mais sûrement ». Deuxièmement, vous prendrez l'habitude de mettre chaque chose à sa place, et cela vous sera utile toute votre vie.

Habitude de rangement n° 5 : instaurez une mini-opération de rangement hebdomadaire

Quel que soit votre niveau d'organisation, toutes les pièces de votre maison ont besoin de temps en temps d'un bon rangement.

C'est une bonne habitude que d'enlever ce qui ne sert plus pour faire de la place à ce qui est utile. Si enlever une chose par jour s'avère faisable et que vous êtes prête à en faire plus, essayez le rangement hebdomadaire. Choisissez un jour de la semaine où vous disposez de quelques minutes, et débarrassez un petit coin.

Plus votre domicile est grand, plus votre liste de petits coins sera longue, mais si vous vous y consacrez régulièrement, semaine après semaine, vous réussirez à ranger votre intérieur sans lancer de chantier de grande envergure.

Ces petits coins peuvent consister en un tiroir à bazar, la commode de votre fils, l'espace sous le meuble de la salle de bain, le panier à jouets du salon. Certains coins sont plus grands que d'autres, mais je vous déconseille de vous attaquer à une pièce entière. Ce serait placer la barre trop haut : commencez petit.

Gardez à l'esprit le fait que vous n'organisez pas : vous désencombrez seulement. Retirez simplement ce dont vous n'avez plus besoin et ce qui ne vous importe plus. Mettez cela dans un sac ou un carton et débarrassez-vous-en.
Vous aurez ainsi fait de la place pour ce qui vous tient à cœur.
Peu d'efforts, peu de pression, grands résultats.

Habitude de rangement n° 6 : écoutez ce que vos affaires vous disent

En remettant encore et encore chaque chose à sa place, vous allez repérer ce qui est important et ce qui prend de la place pour rien. Vos affaires vous diront d'elles-mêmes si elles méritent de rester.
Vous déplacez à chaque fois plusieurs paires de chaussures pour accéder à celle que vous cherchez ? Il est peut-être temps de donner ou de jeter ces paires. Vous déplacez tout le temps ces briques de lait de coco pour accéder aux cubes de bouillon ? C'est peut-être que vous n'aimez pas cuisiner le lait de coco et que vous devriez cesser d'en acheter, même s'il fait fureur sur Internet. Vous remettez sans arrêt les mêmes petits jouets dans leur panier, mais vous ne voyez jamais votre fille s'amuser avec ? Ils se trouvent peut-être dans le même panier que les jouets qu'elle apprécie et ils la gênent pour y accéder.
En rangeant chaque chose à sa place jour après jour à l'aide de ces astuces, vous entendrez plus distinctement ce que vos affaires ont à vous dire.

Le cycle infernal du rangement des jouets

Merci Kendra pour toutes ces idées et ces bonnes intentions, mais que faire de tous ces camions et autres dînettes de mes enfants ? Je les range et ils les ressortent deux minutes plus tard !

J'entends bien. C'est hyper agaçant.

Amusons-nous à imaginer deux scénarios.

Scénario n° 1 : ranger, c'est comme nager à contre-courant. La pièce ne reste jamais en ordre, alors pourquoi s'embêter ? Les jouets restent sortis et ça ne pose pas de problème aux enfants. Mais pour une raison inconnue, même si leurs jouets préférés jonchent le sol et la table basse, les enfants ronchonnent et se plaignent de s'ennuyer. C'est parce qu'ils sont submergés par le choix et ils ne voient fort probablement même pas quels jouets sont sortis. Le fouillis devient invisible parce que rien n'est à sa place.

Vous avez maintenant un problème de rangement et d'enfants mécontents. Non merci.

Scénario n° 2 : vous (et vos enfants si vous le souhaitez) rangez une fois par jour. Vous le faites peut-être le soir de manière que, lorsque les enfants se lèvent le matin, ils ouvrent les caisses et redécouvrent à nouveau leur contenu. Ou bien vous le faites en milieu de journée, avant la sieste, de façon que les petits esprits encore brumeux ne soient pas submergés en se réveillant et puissent repartir du début dans leurs jeux.

Rappelez-vous *pourquoi* vous rangez : pour faire de la place à ce qui est important, pour cultiver votre satisfaction et favoriser les connexions.

Nous rangeons pour pouvoir remettre du désordre.

C'est embêtant mais, au final, cela en vaut la peine.

Ne vous trompez pas d'objectif

Ne l'oubliez pas : vous avez le droit de vous soucier de ce qui est important pour vous. Si avoir une maison en ordre est primordial pour vous, rangez. Si une maison propre vous rend heureuse, vaporisez votre spray à l'eucalyptus autant que vous en avez envie. Mais ne vous trompez pas. La propreté ne fait pas de vous une meilleure personne ; le désordre ne fait pas de vous quelqu'un de plus authentique.

Vous avez le droit d'aimer l'ordre, de faire le ménage quand quelqu'un vient, et de limiter la quantité d'objets qui entrent dans votre domicile parce que l'accumulation a un effet négatif sur votre espace mental.

Vous avez aussi le droit de vivre dans le désordre, d'inviter des amis dans une maison en pagaille, et de posséder plus de choses que vous n'avez besoin.

La plupart d'entre nous oscillent entre les deux.

Si vous appliquez ce principe de mettre chaque chose à sa place, vous serez certainement contente au final. Une maison rangée procure une sensation agréable. Un dressing qui ne déborde pas est un plaisir à ouvrir. Être en mesure de voir ce que l'on possède procure de la satisfaction.

Mais vous n'êtes pas votre maison. Ne l'oubliez pas. Votre intérieur est sans doute le reflet de votre personnalité, mais son état n'est pas un indicateur de votre valeur.

Récapitulons

- Faites avec votre espace, quelle que soit la taille de votre domicile. Chaque maison représente un espace limité.
- En rangeant chaque chose là où elle doit aller, vous identifierez ce qui n'a pas sa place. Ne gardez que ce qui est important pour vous.

- S'il y a du désordre chez vous, c'est peut-être que vous possédez trop de choses, ou bien que vous devriez prendre de meilleures habitudes.

Un petit pas

Allez ranger un objet. Puis, demain, recommencez.

Chaque fois que j'aborde le thème du rangement au sein de ma communauté en ligne, il y a toujours quelqu'un pour remarquer : « J'adore cette idée car maintenant je vais pouvoir inviter du monde ! » Je l'ai déjà dit, vous pouvez le faire, quel que soit l'état de votre intérieur.

Mais que signifie vraiment le fait d'inviter des gens – non seulement chez vous, mais aussi dans votre vie ?

Principe n° 8

Ouvrez-vous *aux autres*

Chaque année, les femmes de mon cher petit groupe paroissial font une retraite ensemble en bord de mer, et à chaque fois nous jouons au jeu des questions. Si vous ne le connaissez pas, il est très simple : une personne se place devant tout le monde et les autres lui posent des questions aléatoires. Cela permet de se connaître et d'entendre toutes sortes d'anecdotes de fous rires ou de films préférés.

Quand mon amie Francie a été appelée, elle s'est dirigée vers le tabouret en avouant : « Je suis un peu partagée parce que je préférerais rester au fond de la pièce, mais j'ai aussi envie que vous me connaissiez ! » Nous avons ri parce que nous comprenions tout à fait. Sans même parler de soucis personnels, entretenir des liens avec autrui et inviter des gens chez soi sont des choses que l'on recherche et que l'on redoute à la fois.

Nous laissons la peur du rejet freiner notre désir de connexion.

Est-ce qu'ils m'apprécieront ?

Est-ce que je les apprécierai ?

Comment leur demander de faire une sortie ensemble ?

Et si je préfère rester seule mais que parfois la solitude me pèse ?

Comment inviter quelqu'un à dîner alors que préparer un repas pour ma famille est déjà presque mission impossible ?

Nous sommes beaucoup à nous poser ces questions, ou d'autres du même genre. Si vous avez l'impression, socialement, d'être comme une chenille bizarre qui ne s'est pas encore transformée en papillon, ne vous faites pas de bile. Nous avons tous peur à un degré varié de laisser les gens entrer dans notre vie.

Mes états de service sont en fait assez pitoyables. Oh, vous voulez des détails ?

En voici.

Le meilleur moyen de se fermer aux autres

Si on me donnait une pièce chaque fois qu'une amie m'a dit : « Nous sommes amies et je t'apprécie, mais je n'ai pas l'impression de te connaître *vraiment* », j'en aurais, disons, six. L'argent n'est peut-être pas l'outil d'évaluation idéal dans notre cas, mais quand vous n'avez pas eu plus d'une douzaine d'amis proches de toute votre vie adulte, six est un chiffre plutôt impressionnant.

J'ai essayé d'être une amie, en utilisant à la fois la méthode de la flemme et la méthode de la girl boss.

La méthode de la flemme a consisté à me trouver très bien toute seule, à rester indifférente quand on ne m'invitait pas, et à rejeter toute tentative de quiconque cherchait à mieux me connaître. En gros, disparaître.

Permettez-moi de partager deux exemples édifiants et passablement embarrassants.

Le premier date du lycée. J'avais un petit groupe d'amis qui m'appréciaient, mais je ne sortais pas avec eux après l'école ni les week-ends. Nous déjeunions ensemble, ils me souriaient quand ils me croisaient, mais je n'étais la meilleure amie de personne. J'aurais aimé, mais personne ne le savait parce que je faisais comme si la situation me convenait.

À l'école, je gardais mes distances avec tout le monde, en espérant m'en sortir indemne, sans me soucier que personne ne connaisse mon nom. J'ai manifestement réussi, car lorsque j'ai fait un discours le jour de la remise des diplômes, j'ai entendu mes camarades de classe murmurer : « Qui est-ce ? Est-ce qu'elle est du lycée ? » *Est-ce qu'elle est du lycée ?* J'avais atteint mon but, mais bon sang, c'était déprimant.

Le second exemple date de l'université. En première année de fac, j'étais en colocation avec sept autres filles. Elles m'invitaient à aller chez elles les week-ends ou à des soirées, mais comme j'avais peur de me dévoiler, j'ai joué l'indifférence (même si cela ne m'indifférait pas du tout). J'ai refusé toutes les invitations et ai passé un grand nombre de soirées dans ma chambre à manger de la glace chocolat-caramel-yaourt devant la télé. Très triste.

Vers le début de ma deuxième année, quand la solitude a été trop pesante, je me suis donnée à fond pour améliorer ma vie sociale. Je me suis mise à me préoccuper jusqu'à l'obsession de ce que les gens pensaient de moi, et j'ai essayé de mincir (c'est alors que mes troubles alimentaires ont connu un pic). Je pensais qu'être une bonne amie consistait à être irréprochable, à avoir une apparence parfaite, à connaître tout le monde, à être un modèle de sagesse et de bon comportement. Oui, vous l'avez deviné, je n'ai pas noué beaucoup de grandes amitiés ces années-là[29].

Heureusement, ces dix dernières années, ma conception de l'amitié a évolué.

J'ai décidé de privilégier ce qui compte pour moi dans l'amitié : l'honnêteté, la faculté de montrer ses faiblesses, la capacité à ressortir plus forts des anicroches. J'apprends à faire des efforts dans ces domaines et à entretenir les relations qui me permettent de devenir une meilleure version de moi-même.

---

29. Jess, tu es mon plus grand regret de cette époque. Merci d'être venue me chercher quand je fermais ma porte. Je sais que tu as un autre souvenir de notre relation, mais je regrette de ne pas t'avoir laissé entrer à ce moment. J'ai eu beaucoup d'occasions et je ne les ai pas saisies. Et je sais que tu lis ces lignes parce que tu restes de celles qui m'encouragent le plus, même de loin. Merci d'apprécier mes mauvais côtés avec autant de loyauté.

Être aimée telle que je suis et aimer les autres pareillement est nouveau pour moi, mais je ne reviendrais en arrière pour rien au monde. Cette manière d'aborder l'amitié est vraiment meilleure.

Je comprends que cela puisse sembler incongru parmi les autres principes que j'ai proposés, mais si vous souhaitez accorder de l'importance à ce qui vous tient à cœur, le relationnel occupera la première place. Si vous voulez réussir quoi que ce soit qui vous importe dans votre vie, vous aurez besoin d'aide extérieure.

À quoi cela ressemble-t-il de laisser les gens entrer dans votre vie ?

Pourquoi nous avons besoin les uns des autres

Les relations avec autrui aident à mieux se comprendre soi-même. Discuter permet d'enrichir ses idées sur les gens et le monde. Les amis peuvent garder vos enfants et vous donner un coup de main quand vous êtes sous l'eau. Ils posent les bonnes questions quand vous avez une grande décision à prendre et que vous hésitez. Ils vous font rire et vous font découvrir de nouvelles séries incroyables ou des jeux de société passionnants.

Quand vous laissez des gens entrer dans votre vie, ils vous apportent du soutien et de l'amitié, et vos rapports se font de plus en plus en plus authentiques à mesure que le temps passe.

On ne peut vivre bien sans entourage proche et sans connexions. Dans *Cessez d'être parfait, soyez vous-même !*, ma chère Brené Brown écrit : « On cultive l'amour quand on laisse voir et connaître son individualité la plus vulnérable et la plus forte, et quand on honore la connexion spirituelle qui germe de ce don avec confiance, respect, tendresse et affection*. »

Même la personne la plus introvertie a besoin de voir et de se sentir vue, d'avoir quelqu'un à qui parler, de partager ses moments mémorables.

Nous avons besoin les uns des autres pour donner et recevoir de l'amour.

Je l'admets, ce principe n'est pas aussi évident que celui de la « question magique », mais savez-vous ce que vous pourriez faire maintenant pour vous faciliter la vie par la suite ? Cultiver des amitiés en laissant des gens entrer dans votre vie.

J'imagine que votre désir de connexion prendra une forme différente de la mienne, mais nous pouvons toutes les deux, chacune à notre manière, mettre ce principe en œuvre.

Laissez les gens entrer chez vous et dans votre vie, voir vos imperfections et le reste.

« Mollo sur le fait de montrer ses failles, Kendra, je ne suis pas encore prête », pensez-vous. Pas d'inquiétude. Apprenons le vélo en commençant avec les roulettes.

Ouvrez votre porte

Vous avez envie de faire partie de ces gens qui nouent des amitiés profondes, et vous savez pertinemment que cela n'arrive pas en un claquement de doigts. L'amitié débute souvent autour d'un simple plat de spaghettis.

Commencez petit et invitez quelqu'un chez vous. Rapidement. Dès cette semaine si vous pouvez.

Vous avez sans doute diverses objections :

- Vous pensez que le repas doit être parfait, mais vous cuisinez comme un pied.
- Vous avez des journées chargées et, le soir, vous n'avez qu'une envie : rentrer et de ne plus parler à personne. Je vous contrarie avec ma suggestion.
- Vous avez essuyé des revers en amitié et craignez que cela se reproduise.

Chacune de ces raisons est légitime et je les ai vécues toutes trois au plus profond de moi. Mais si vous décidiez, pour une fois, de ne pas laisser ces arguments avoir le dernier mot ?

Que je ne vous entende pas vous excuser

Écoutez-moi bien : ne vous excusez pas. (Si, évidemment, faites-le si vous avez vexé une personne ou lui avez malencontreusement marché sur le pied.) Je veux dire par là de ne pas vous excuser pour l'état de votre intérieur, le repas ou la maladresse que vous avez l'impression de dégager. Je parle de ces supposés défauts que vous cherchez à mettre en avant.
« Désolée, c'est vraiment le bazar. »
« Désolée, c'est sombre ; on aimerait repeindre cette pièce. »
« Désolée pour le chantier ; on a prévu de terminer les travaux. »
« Désolée, le repas n'est pas terrible, je ne suis pas très bonne cuisinière. »
NON[30].

30. Pardon pour les capitales et la brusque montée de ton.

Myquillyn Smith, experte en aménagement intérieur et amie à moi, a écrit[31] : « J'ai pris conscience que lorsque je m'excuse pour mon intérieur, cela revient à annoncer à la cantonade que je ne suis pas satisfaite. Que je compte les points. Que j'accorde beaucoup d'importance à l'apparence de mon chez-moi et peut-être, éventuellement, que je fais de même lorsque je vais chez vous*. »

Vous êtes certainement plus dure envers vous-même qu'envers qui que ce soit d'autre, mais personne ne le sait. Si vous recevez des gens et que vous vous excusez pour le bazar, qu'il y en ait ou pas, vous les placez sur la défensive et ratez votre objectif premier en les invitant : la connexion.

Le but est d'inviter des personnes dans l'espoir de devenir amis, pas de comparer votre vie avec la leur ou avec votre idéal de vie.

Le but est de faire venir des gens, parce qu'ils sont importants. Connexion, conversations, rires, bon repas, sincérité : c'est cela qui importe. Et pour cette raison, c'est à vous de décider de la meilleure manière de les trouver. Le plus simple : inviter quelqu'un.

Besoin d'idées ? Je serais ravie de vous aider.

Un dîner classique

Invitez une personne, un couple ou une famille à dîner.

Préparez vous-même le repas, décidez que chacun apporte quelque chose, ou bien passez commande dans une bonne pizzéria. Tant que le repas a lieu chez vous, ça compte ! Si vous souhaitez cuisiner mais que vos compétences ou votre répertoire de recettes sont limités, puis-je suggérer mon « poulet

31. *The Nesting Place* (non traduit en français).

qui change la vie » ? C'est adaptable à n'importe quel nombre de convives, délicieux, appétissant et tout à fait inratable. C'est l'œuvre que je léguerai à ma mort – on gravera la recette sur ma tombe. Si vous n'avez jamais essayé, c'est l'occasion[32].

Une soirée en demi-couples

Ma sœur et son mari passent régulièrement la soirée avec un autre couple qui a de jeunes enfants du même âge que les leurs. Une fois les enfants couchés, les deux mamans se retrouvent dans une maison, et les deux papas dans l'autre. C'est astucieux car chaque enfant dort dans son lit, il n'y a pas besoin de baby-sitters, un parent est disponible si un enfant se lève, et la connexion opère. Jackpot.

Un petit déjeuner en famille le week-end

Les petits déjeuners en famille sont l'une de mes méthodes de connexion préférées. Ils sont particulièrement adaptés aux familles ayant de jeunes enfants. De toute façon, tout le monde est debout à sept ou huit heures (ou avant six heures en ce qui nous concerne), donc vous pouvez démarrer tôt avec un petit déjeuner fait maison ou des viennoiseries que quelqu'un aura rapportées.

Ce repas est le plus serein de la journée et vous permet de vous connecter aux autres. Ensuite, vous avez encore le reste de la journée devant vous. En outre, les heures de sieste et de coucher n'en sont pas impactées. Essayez.

32. Comptez une cuisse de poulet et deux poignées de légumes coupés en morceaux par personne. Mettez le tout sur une plaque de four, huilez, assaisonnez et mélangez, puis enfournez pour cinquante minutes à deux-cent soixante degrés. C'est prêt !

Une soirée dessert

Le glaçage au chocolat coule dans mes veines, alors cette suggestion n'étonnera pas les personnes qui me connaissent. Prévoyez un gâteau et une ou deux crèmes glacées et apprenez à mieux connaître votre invité autour d'une gourmandise sucrée. Si vous avez de jeunes enfants, c'est souvent plus facile à organiser qu'un dîner complet, surtout si vos invités n'ont pas d'enfants ou si ces derniers sont assez grands pour rester seuls une heure ou deux.

Si vous avez de jeunes enfants, mettez-les au lit puis terminez la journée en discutant autour d'un gâteau. Si vous n'en avez pas, proposez d'apporter le dessert à une famille qui en a.

Un déjeuner dominical

Shannan Martin est autrice. C'est la personne que j'aime le plus écouter au sujet de l'amitié. Elle ouvre sa porte à quiconque a envie de venir, chaque dimanche midi.

Comme sa vie et celle de sa famille gravitent dans un rayon de quelques pâtés de maisons seulement (l'école et les commodités sont toutes accessibles à pied), son cercle de connaissances est réduit mais ciblé. Les dimanches, donc, elle prépare de la soupe qu'elle sert dans des bols. Parfois, les gens apportent d'autres plats, et d'autres fois elle ajoute quelques paquets de chips si l'assemblée est nombreuse.

Elle ne s'excuse pas, ne vise pas la perfection, ne cherche pas à se mettre sur son trente-et-un, et la connexion opère toujours.

Vous pouvez évidemment faire la même chose en invitant quelqu'un à déjeuner dans un petit restaurant . Envisagez des personnes avec qui vous ne noueriez pas spontanément de

lien : un étudiant, des parents dont les enfants sont partis, une famille avec de jeunes enfants si les vôtres ont quitté le nid. D'une manière ou d'une autre, invitez quelqu'un à déjeuner.
Faites le ménage ou non. Cuisinez ou non. Prenez une douche ou non. Faites ce qui est important et consacrez-vous à la connexion. Le reste est secondaire et ne requiert aucune sorte d'excuse.

Invitez des gens dans votre quotidien

La vie de tous les jours n'est pas drôle. C'est sans doute pour ça que vous lisez ce livre. Vous cherchez de l'aide pour échapper à un quotidien pénible et monotone, en partie parce que c'est dur, mais peut-être surtout parce que vous vous sentez seule.
Nous endossons toutes de nombreuses responsabilités, et la plupart d'entre nous s'en occupent seules. Je trouve extrêmement difficile de demander de l'aide pour gérer mes tâches quotidiennes ou même de parler à mes amies de ce qui me pèse, parce que mes problèmes ne me semblent pas suffisamment graves. Je ne veux pas déranger ni donner l'impression que je me plains – quoi, ne sommes-nous pas censées courber la tête et avancer ?
Je suis très douée pour minimiser mes malheurs peu importants en comparaison de ceux des autres et les écarter d'un revers de la main. Il y a des personnes qui ne mangent pas à leur faim, qui n'ont pas de parents, ni de droits. Qui suis-je pour me plaindre à une amie parce que mon garçon a simulé un mal de ventre et que cela m'a fait rater ma séance de

massage ? Histoire véridique. Mais il est aussi vrai que j'avais un mal de dos terrible, que la douleur jouait sur mon état d'esprit et que, comme mon garçon me l'a récemment fait remarquer, je peux parfois être « d'humeur un peu grognon ». Vous imaginez que vous n'êtes censée laisser les gens venir à vous que lorsque les choses vont vraiment mal. Mais que faire quand la gestion du quotidien paraît insurmontable ? Porter ce fardeau seule, c'est comme se battre pour quelque chose qui n'a pas d'importance. Ne s'en remettre qu'à soi n'a aucun sens sans personne à ses côtés.

Nous avons le droit d'avoir besoin les uns des autres. C'est même une très belle chose, en particulier dans les situations quotidiennes les plus ordinaires.

Pas besoin d'être au plus mal pour demander de l'aide

Je l'ai déjà dit, j'ai toujours été nulle pour laisser les gens entrer dans ma vie. Pendant des années, je me suis juré de n'ouvrir ma porte qu'en cas de crise. Mais qui détermine ce qui compte comme une crise ? Comment décider que les choses vont suffisamment mal pour mériter d'être partagées avec quelqu'un ?

Personne ne vous blâmerait si vous aviez besoin de faire garder vos enfants pour accompagner votre père en chimiothérapie, n'est-ce pas ? Cela semble être une situation de crise légitime. Mais que penser si vous souffrez d'anxiété ? C'est un souci à peu près gérable. On réussit à survivre à ses journées, mais cela demande plus d'énergie que ce qu'on a à donner. Même s'il s'agit d'un problème réel et pesant, il paraît invisible et difficile à justifier. Un après-midi tranquille, une oreille à l'écoute ou une heure de sieste seraient les bienvenus, mais l'anxiété ne semble pas suffisamment importante pour s'autoriser à demander de l'aide.

Ou bien vous êtes fatiguée à l'extrême ? Vous venez de traverser une longue période difficile, vos hormones s'en mêlent, et vous sentez que préparer le dîner vous viderait de la dernière once d'énergie qu'il vous reste.

Pas assez important.

Pourtant, *ça l'est.*

Nul besoin de traverser une crise pour en appeler à son entourage et rechercher une connexion. On ne peut pas aller bien en permanence. On a le droit de ramer, de se sentir surchargée par le poids des responsabilités. On a le droit de partager cette pression que représente le choix de la future école de son enfant. Vous culpabilisez d'avoir à prendre une décision parce que vous hésitez entre deux écoles alternatives, que beaucoup ne peuvent pas s'offrir ? La culpabilité est l'une des nombreuses émotions qui nous empêchent de laisser les gens entrer dans notre vie.

Nous sommes très douées pour coller des étiquettes sur nos difficultés et, si nos problèmes sont trop particuliers, trop ordinaires, trop futiles (parce que ce sont des soucis de personnes privilégiées) ou trop [remplissez la case], nous les gardons pour nous. Nous maintenons notre porte fermée en disant que tout va bien.

C'est probablement pour cela que six de mes douze amies ne me connaissaient pas. Je ne leur ai jamais fait savoir ce qui m'animait. Je n'ai jamais dit combien le fait d'allaiter un bébé qui gigotait et me mordait régulièrement influait sur tout le reste. Je n'ai jamais dit que je ne savais pas comment avouer à mon mari qu'il me manquait quand bien même il était assis à côté de moi sur le canapé. Je n'ai jamais dit à quel point je ne me sentais pas épanouie dans mon travail même si beaucoup considéraient que c'était un bon poste. Je pensais n'avoir aucun droit de me plaindre.

Pour moi, il n'y avait pas de crise réelle, alors je me taisais. Mais si vous attendez un drame pour laisser entrer des gens dans votre vie, vous risquez de rater tous ces liens ordinaires mais formidables. Vous ratez le petit café offert au milieu d'une dure journée, les messages accompagnés de GIF rigolos de cette amie qui sait que vous avez besoin de rire. Vous ratez les connexions simples qui conduisent à des relations plus profondes.

Laissez les gens entrer dans vos tracas quotidiens, et ne vous inquiétez pas qu'ils ne soient pas assez tragiques.

Dites oui lorsqu'une amie vous demande si vous avez besoin qu'elle vous rapporte quelque chose du supermarché.

Dites oui quand votre sœur vous propose de garder vos enfants, sans réfléchir aussitôt à la manière dont vous pourrez lui rendre la pareille, parce que, vraiment, vous ne lui devez rien.

Dites oui quand votre mari propose de ranger la cuisine ce soir pour que vous puissiez vous coucher tôt, au lieu de continuer à vous activer en croyant que cela vous rendra plus forte.

Nous sommes toutes de belles personnes imparfaites essayant de faire une place aux autres, et les petits moments du quotidien sont de très bonnes occasions de commencer.

Échanger des banalités

Être humain, c'est notamment vivre ensemble. Sans prétention, sans crises, simplement le plus ordinaire des quotidiens. Emily P. Freeman appelle cela les « banalités ». Nous partageons des choses qui n'ont en apparence pas grande importance mais qui en ont malgré tout beaucoup pour nous.

Le paradoxe : ces choses banales prennent une dimension encore plus sacrée lorsque vous les partagez avec une personne qui a traversé des crises avec vous. Emily et moi avons parlé de banalités ensemble pendant un moment, et nous avons aussi vécu de vrais moments de vie. Nous avons eu des disputes et parfois on ne se comprenait pas. Nous avons toutes les deux eu d'importantes décisions professionnelles à prendre. Nous avons chialé et partagé des choses qui paraissaient trop terribles pour être dites.

Les relations profondes ne se nouent pas que sur des discussions profondes. Elles se forment lorsqu'on est disposé à *tout* exprimer.

Je n'ai pas dû pleurer plus d'une demi-douzaine de fois en public, mais Emily était là au moins à la moitié de ces occasions. Cela veut-il dire que nous ne parlons plus maintenant que de choses sérieuses ? Vous plaisantez ? Nous avons dû passer au moins une demi-heure à commenter les tenues de Meghan Markle. Mais ces conversations bêtes de tous les jours sont aussi importantes que les sujets plus délicats, si bien que toutes nos discussions comptent parce que notre relation nous importe à toutes les deux.

Les relations profondes ne se nouent pas que sur des discussions profondes. Elles se forment lorsqu'on est disposé à *tout* exprimer.

Si les interlocuteurs ne dévoilent pas les tréfonds de leur âme, leur échange n'a pas moins de valeur. On se dévoile tout autant dans les moments ordinaires du quotidien.
Il y a autant la place pour les banalités que pour les moments de crise, et c'est cela qui produit les connexions profondes auxquelles vous aspirez.

Quand tout n'allait pas bien pour moi

Écrire ce livre a été pour moi une occasion unique de m'ouvrir aux autres. Ce travail ne ressemble pas du tout à une crise, mais c'est néanmoins le projet le plus ardu que j'aie entrepris. Mon tempérament naturel ne me porte pas à me lancer dans des projets d'aussi longue haleine. Il y a tant de mots à jeter avant de trouver les bons et, si vous ne l'avez pas encore compris, je suis une perfectionniste pas encore tout à fait repentie.
J'ai rapidement compris que, même si je devais écrire ce livre seule, je ne pourrais pas le *porter* seule.
Pas plus tard qu'une heure avant que je rédige cette partie, une amie a passé la tête par la porte de mon bureau et demandé : « Comment se passe l'écriture de ton livre ? » Des dizaines de personnes m'ont posé la question ces huit derniers mois et je ne réponds plus : « Bien ! » « Bien » n'est pas une réponse honnête. Certes, le syndrome de la page blanche n'est pas une situation gravissime, mais je choisis d'en faire part aux autres quand j'ai le sentiment d'être dans la panade. « Bien » ferme la porte et me laisse isolée, c'est pourquoi j'ai appris à répondre différemment : « C'est dur aujourd'hui. » « Un peu laborieux, mais j'avance. » « J'ai enfin

trouvé le fil conducteur de ce chapitre, je suis regonflée à bloc ! » « J'ai atteint mon compte de mots journalier plus tôt que je ne l'espérais, alors je vais me faire un petit plaisir et passer acheter un plat en rentrant. »
Cela me faisait bizarre au début d'être si franche. En effet, qui cela intéresse-t-il vraiment ? Il s'avère que cela importe pour mes proches. Et plus je leur ouvre la porte, plus nous nous habituons à prendre soin les uns des autres. Zapper ce « bien » m'a permis d'avoir des relations plus profondes avec tellement de gens – je ne l'aurais jamais pensé.
Si vous êtes dans le train-train d'un projet, d'un travail, même d'une période de votre vie, n'imaginez pas qu'il est inutile de laisser votre porte ouverte. Il y a sans doute des responsabilités ou un poids émotionnel qui n'appartiennent qu'à vous, mais cela ne veut pas dire que vous devriez les porter seule.
Vous n'êtes pas obligée d'aller toujours bien.
Laissez entrer les gens dans votre vie.

Quand la connexion ne se produit pas

Il arrive que la connexion n'opère pas avec quelqu'un. Pas d'atomes crochus, peu de choses en commun. Cela fait partie de la vie et n'a rien de honteux pour aucune des personnes concernées. Ça ne collera pas avec tous vos *dates* ; il en va de même en amitié.
Pourtant, on vit souvent cette absence de connexion comme un échec personnel. Vous n'avez pas été à la hauteur vis-à-vis de cette personne. Vous n'avez pas été assez cool ou assez intéressante. Vous avez paru trop bizarre, trop silencieuse, trop bavarde. Vous vous dites que le problème vient de vous, alors votre réaction est de changer.
Si j'ai appris quelque chose, c'est que changer pour se faire accepter ne mène à rien. Certes, on ne vous écartera

peut-être pas d'emblée, mais on ne vous acceptera pas sincèrement. Si votre objectif se limite à ne pas être rejetée, vous ratez ce que vous recherchez : la connexion.
Parfois, être acceptée telle que l'on est prend plus de temps qu'on ne le voudrait, et l'attente fait mal, mais cela finit par venir. Quand vous serez disposée à ouvrir votre porte, vous trouverez des amis.
Il est délicat d'être la première à tendre la main, mais le jeu en vaut la chandelle.

Récapitulons

- Inviter quelqu'un ne fera pas forcément de vous des amis pour la vie, c'est normal, mais cela vaut malgré tout la peine de le faire.
- Accueillez les gens dans votre quotidien sans vous excuser.
- Il n'y a pas besoin de traverser une situation de crise pour demander de l'aide.
- Nouer des liens n'est pas une chose qui se réfléchit trop. Invitez simplement des gens.

Un petit pas

Envoyez un message à quelqu'un, simplement pour discuter ou sortir. Pourquoi pas maintenant ?

Si vous vous sentez un peu décontenancée par toutes ces questions relationnelles, repassons à la vitesse inférieure et abordons la merveilleuse astuce qui consiste à rationaliser.

Principe n° 9

Rationalisez

Puis-je dire que j'ai été pâtissière professionnelle dans la mesure où, pendant un temps, j'ai vendu ce que je confectionnais ? Le principe de mon entreprise, The Sugar Box, consistait à créer des desserts inspirés par différents thèmes de la pop culture, et à les proposer dans des emballages mignons. On pouvait les commander en ligne et venir les chercher chez moi, un jour par mois (le « Sugar Box Day »). J'adorais faire ça et j'étais douée.

En revanche, les chiffres n'étaient pas mon fort. Je me suis un jour aperçue que mes profits s'élevaient à deux *centimes* de l'heure pour chaque boîte que je vendais. Autant dire que personne chez *Qui veut être mon associé ?* n'aurait investi chez moi.

Malgré tout, j'ai découvert beaucoup de choses en dix-huit mois. J'ai progressé en pâtisserie, j'ai pris conscience du bonheur que j'éprouvais à réunir des gens autour de la nourriture, et j'ai appris à rationaliser : dans le domaine des cookies, puis dans ma vie.

Ce que j'ai appris en préparant un millier de petits gâteaux en une journée

Lors du Sugar Box Day, tout devait être prêt en même temps. Et par « tout », je veux dire plusieurs milliers de pièces individuelles glissées dans des centaines de sachets, le tout empaqueté dans quarante à soixante-dix boîtes. Il s'agissait d'emballages krafts noués avec une ficelle, et je les trouvais ravissants au plus haut point.

Préparer toutes ces boîtes à temps, mois après mois, a été une véritable école de rationalisation. J'ai pris ma première leçon lors de ma toute première journée de vente : j'avais reçu quarante-cinq commandes de box sur le thème de « *Friends*[33]», que j'ai commencé à emballer une par une. Je préparais une pile de petits gâteaux, les mettais dans un sachet, coupais une ficelle, nouais le sachet, et le mettais dans la boîte. Puis je recommençais avec un autre lot de petits gâteaux, puis un tas de brownies et quatre ou cinq autres gourmandises différentes. J'emballais chaque boîte une par une, et cela me prenait une *éternité.*

Le système s'est amélioré le mois suivant. J'ai préparé des piles avec le bon nombre de gâteaux, coupé toutes les ficelles en une seule fois, emballé sachet après sachet, et ensuite seulement je les ai tous noués un par un. Beaucoup plus rapide. Ensuite, j'ai rationalisé la préparation des pâtisseries elles-mêmes. Je m'occupais de toutes les pâtes à gâteaux le même jour parce qu'elles contenaient les mêmes ingrédients et correspondaient à la même technique. Puis je formais un millier de boules de pâte d'une seule traite et les congelais pour les cuire plus tard. Le moment venu, j'enfournais tous les petits gâteaux, une plaque après l'autre, comme une machine.

J'ai découvert que je ne pouvais pas me contenter de faire une seule recette ou une Sugar Box à la fois. Pour avancer plus efficacement, je devais faire deux tâches similaires en parallèle. J'ai alors remarqué que je pouvais appliquer ce principe à d'autres domaines que la pâtisserie.

---

33. Elle contenait des biscuits « Paléontologie » (en forme de dinosaures avec l'inscription « pivotez »), des sablés fourrés à la confiture « Poussin et Canard » de Joey, des cookies aux pépites de chocolat de la grand-mère de Phoebe, des marshmallows « Central Perk » (au café), du cake à la banane « Princesse Consuela », et des brownies caramel-menthe inspirés de l'amour de Phoebe pour les brownies au cannabis. Une boîte qui mettait Phoebe à l'honneur.

La rationalisation : comment ça marche

La rationalisation consiste à répéter une tâche spécifique un grand nombre de fois avant de passer à la suivante. C'est tout simple, mais ultra efficace.

Pensez à une chaîne d'assemblage en usine. Un ouvrier est responsable d'une tâche unique, son collègue de la tâche suivante, et ainsi de suite. La production est importante parce que chacun n'est pas censé construire à lui seul un réfrigérateur du début à la fin.

Il est probable que vous meniez un grand nombre de vos projets du début à la fin, alors que vous pourriez rationaliser vos tâches et avancer plus rapidement. Ce principe permet aussi au cerveau de se reposer puisqu'il fonctionne pour une bonne partie en pilotage automatique.

Cela dit, vous n'êtes pas un robot et le but de ce livre n'est pas que vous en deveniez un. Mais il s'avère que certaines choses se font plus facilement de cette manière.

Les usines ont mauvaise réputation car rien n'y est fait à la main. L'artisanat n'est-il pas toujours plus réussi ? Pourtant, si l'on faisait tout à la maison de manière artisanale et que l'on portait une attention exceptionnelle à la moindre tâche, la balance allant du zèle à la flemme pencherait totalement vers le premier, si bien que vous vous retrouveriez épuisée et auriez besoin de chocolat en plus de séances de psy.

Tout n'a pas à être réfléchi. Vous pouvez tout à fait automatiser une partie de votre travail pour économiser du temps et de l'énergie, afin de conserver ces précieuses ressources pour les objectifs qui vous tiennent à cœur.

Quelles choses rationaliser ?

Comment identifier les tâches à rationaliser ? Pensez aux tâches répétitives : préparer des pique-niques pour des enfants. Trois sandwichs à confectionner, trois pommes à couper en lamelles, trois portions de bâtonnets de carottes... Vous voyez le topo. Vous pouvez préparer le sandwich d'un enfant, l'emballer, couper une pomme, l'emballer, couper des carottes, les emballer. Ou bien, rationaliser les tâches répétées.

Beurrez trois tranches de pain l'une après l'autre, mettez le jambon, fermez l'ensemble des sandwichs. Mettez le tout dans les sacs. Coupez les trois pommes et toutes les carottes, puis empaquetez fruits et légumes en même temps.

Identifiez les tâches à répéter et faites-les toutes en même temps.

Et puis, il y a les tâches à défaire et refaire. Le lave-vaisselle est un bon exemple. Combien de fois avez-vous rempli votre lave-vaisselle avant de trouver une pile d'assiettes ou un fait-tout qui ne rentrent pas sans tout réagencer ? Tout peut tenir, mais vous devez défaire ce que vous venez de faire.

Pas si vous rationalisez. Apportez toute la vaisselle à laver, puis ne chargez le lave-vaisselle que lorsque tout est devant vous. Vous pouvez maintenant le charger en une seule fois et gagner du temps.

Voyons à présent d'autres exemples de rationalisation pour faciliter le quotidien.

Le linge

Le linge est le domaine de prédilection de la rationalisation. Appliquez quelques principes clés, et la corvée sera bouclée en une seule et même journée. Ça fait rêver, non ?
La pénibilité du linge réside dans le fait qu'il y a autant de tâches à réaliser que de pièces vestimentaires. Chaque chemise, chaque chaussette, le moindre vêtement nécessite d'être traité du début à la fin : triage, lavage, séchage, pliage ou mise sur cintre puis rangement. Si vous deviez accomplir tout cela pour chaque pièce, vous atteindriez le même niveau de colère et de frustration que si vous viviez une invasion d'extraterrestres dans un Marvel. Gérer son linge de cette manière, c'est stupide. Vous le savez, et c'est pour cela que vous effectuez déjà le lavage et le séchage par machines entières.
Mais on peut rationaliser davantage encore.

Triage et lavage

À quelques exceptions près, on peut tout à fait laver le clair et le foncé ensemble. Nos adorables mères nous ont maintes fois averties de ne pas mélanger les couleurs, mais à part l'évident « ne pas laver votre tee-shirt blanc préféré avec votre nouveau jean noir », vous pouvez associer plusieurs couleurs[34].
Comment trier le linge alors, si ce n'est pas par couleur ?
Triez-le selon l'endroit où il va.
Faites une lessive avec tous les vêtements qui vont sur des cintres dans *votre* dressing. Faites-en une autre avec les

34. À basse température pour plus de sécurité.

vêtements de votre enfant. Lavez les serviettes ensemble, les sous-vêtements ensemble, « tout ce qui finit au même endroit » ensemble. Ensuite, vous n'avez plus qu'à mettre toutes vos chemises sur cintres sans avoir à les séparer des chaussettes de votre ado ou des joggings licorne de la petite dernière.

Pliage

Écoutez bien. Si vous appliquez ce principe de rationalisation, surtout ne gâchez pas tout en venant entasser l'ensemble de votre linge sur le canapé. Vous n'auriez plus qu'une pile géante à trier une nouvelle fois. Vous avez fait des lots, ne gâchez pas tout !

Si laver votre linge en fonction de sa destination permet de gagner un temps précieux, vous pouvez poursuivre sur cette voie en rationalisant aussi le pliage. S'il y a plusieurs sortes de vêtements[35], faites rapidement plusieurs piles.

Commencez par les gros articles, plus faciles à repérer : jeans, serviettes de toilette, ce qui vous semble évident. Continuez en prenant toujours les plus gros articles, jusqu'à ce qu'il ne reste qu'une pile de chaussettes, lavettes ou autres petites choses. Maintenant seulement, pliez tas par tas.

Pliez toutes les serviettes d'un coup pour garder le même geste. Inutile de les chercher, vous venez de les trier et elles sont rassemblées devant vous. Reconstituez les paires de chaussettes : c'est facile car elles sont regroupées. Occupez-vous des tee-shirts les uns après les autres en répétant le geste.

35. Je lave généralement les choses sales à haute température : sous-vêtements, chaussettes, lavettes… Comme je ne lave pas souvent à haute température, je regroupe tous ces articles pour sauver la planète. Ne me remerciez pas.

En se concentrant sur un seul type d'article, votre cerveau se mettra avec bonheur en mode automatique.

Rangement du linge

Je ne vous dirai pas d'économiser quelques pas en formant vos piles en fonction de la pièce de la maison la plus proche (bien que je l'aie déjà fait), mais je vous encourage à ranger chaque tas dès que vous avez terminé votre pliage. Comme vous avez trié et lavé en fonction du lieu où vont les vêtements, il est probable que tout aille au même endroit. Emportez vos piles avant que le salon ne soit envahi et que votre cerveau n'ait à traiter plus d'informations que nécessaire.

Laissez votre cerveau travailler dur sur ce qui vous tient à cœur, plutôt que sur des tâches routinières que vous pouvez facilement rationaliser.

Jour de lessive

La seule tâche que j'effectue les jours de lessive, vous l'aurez deviné, c'est la lessive. En ne me consacrant qu'à cette mission, je rationalise déjà. Je me consacre à une tâche en particulier de manière automatique.

Les jours de lessive m'évitent de devoir me creuser la cervelle pour me souvenir si je dois en faire une, trop prise que je suis par le ménage de la salle de bains. En concentrant toute mon énergie sur une corvée répétitive, j'en viens à bout plus rapidement, ça m'évite de relancer certaines machines parce que j'ai oublié de les vider et qu'à présent la maison sent le vieux chien mouillé.

Si vous aimez vous occuper du linge

Si les lessives ne vous dérangent pas plus que ça, toutes ces manœuvres doivent vous sembler un peu tirées par les cheveux. Elles le sont peut-être, et votre fonctionnement sans rationalisation vous convient probablement. Vous avez toujours lavé ce que vous pouviez quand vous le pouviez et trié votre immense pile de linge en fin de journée sans vous plaindre. Si cela vous va, l'affaire est pliée.
Mais ce n'est pas la seule manière de faire. Si vous ne détestez pas vous occuper du linge, essayez quand même de rationaliser cette besogne et voyez si cela change la donne. Si oui, vous apprécierez peut-être encore plus cette tâche.

L'espace linge sale

Je me suis lassée de porter chaque serviette de table et autres petites pièces de linge jusqu'à la buanderie. Je suis consciente que c'est un problème de personne privilégiée, mais c'était malgré tout agaçant.
J'ai maintenant un « espace linge sale » : un bac en inox que j'ai acheté pour une modique somme dans une boutique d'objets pour la maison. Je l'ai placé dans un coin de la cuisine, et nous y mettons tout le linge sale que nous trouvons dans cette partie de la maison. Au lieu de porter chaque article un par un jusqu'à la buanderie, je les mets dans le bac et j'économise des pas. Quand ce dernier est plein, je l'emporte à la buanderie. Rationalisation.

Le nettoyage de la cuisine

Vous avez préparé le dîner mais il y a encore de la vaisselle qui traîne du déjeuner, voire du petit déjeuner, si bien qu'il vous paraît nécessaire, mais terriblement pénible, de ranger. Il faut s'occuper de la table de la cuisine, du plan de travail, de l'évier… tous jonchés de choses qui demandent des actions différentes et ne se rangent pas du tout au même endroit.

Si s'attaquer à une cuisine en désordre semble si stressant, c'est parce que l'on ne sait pas par quoi commencer. Chaque tâche paraît aussi importante que les autres. Vous allez voir comme la rationalisation fait des miracles dans une cuisine.

Débarrasser les plans de travail

Généralement, vous ramassez une chose sur la table de la cuisine, la mettez dans le lave-vaisselle, y ajoutez une assiette qui se trouve à proximité, puis rangez le ketchup trouvé sur votre chemin en allant essuyer le lait renversé sous la table. Vous vous activez de tous côtés, comme une boule de flipper, attrapant ce qui se trouve à portée de main.

Au lieu de cela, rangez une zone à la fois, jusqu'à ce qu'elle soit propre, avant de passer à la suivante.

Le fait de ranger zone par zone représente une victoire psychologique, parce que vous réduisez peu à peu le désordre que votre cerveau doit traiter et vous visualisez la progression à mesure que chaque surface se vide.

Je commence toujours par la table de la cuisine. C'est la surface la plus éloignée de l'évier, et généralement la moins encombrée. Une victoire facile.

Décidez une fois pour toutes de la façon dont vous allez rationaliser

Une astuce bonus ? Décidez une seule fois (vous vous souvenez de ce principe ?) de l'ordre dans lequel vous nettoierez vos surfaces. Chez moi, c'est d'abord la table de la cuisine, puis l'îlot et ensuite le plan de travail, de la plaque de cuisson jusqu'à l'évier. Je respecte cet ordre à chaque fois et mon cerveau m'en remercie.

Le rangement

Tout en rangeant votre cuisine, créez des zones qui vous aideront à vous mettre en pilotage automatique et à rationaliser : vous saurez exactement où mettre chaque chose. Pas où les ranger, juste les poser.

Vous vous souvenez de l'astuce qui consiste à rationaliser au lieu de faire et défaire ? Combien de fois avez-vous joué à *Tetris* dans votre réfrigérateur parce que vous y avez placé les produits au fur et à mesure au lieu de tout ranger en une seule fois ? Vous vous retrouvez inévitablement avec une boîte d'œufs, une grosse boîte de restes ou autre élément de forme bizarroïde à y mettre et impossible de trouver comment tout loger.

Rationalisez : rangez tout en même temps, et placez vos produits dans ces zones prédéterminées sur votre plan de travail en attendant.

Des zones dans la cuisine

Choisissez des endroits à côté de chacune des destinations finales, où rassembler les choses afin de les ranger toutes en même temps. Par exemple : zone réfrigérateur, zone placards, zone vaisselle sale, zone linge sale.
Je pourrais ajouter une zone congélateur, mais ce serait risqué. Ne faites pas attendre ce qui va au congélateur.
La zone à jeter correspond à la poubelle. Généralement, pas besoin de jouer à Tetris pour mettre les déchets à la poubelle.

Charger le lave-vaisselle

Ne commencez pas à charger le lave-vaisselle tant que toute la vaisselle sale n'est pas arrivée dans la zone idoine.
Que ce soit votre devise. Faites-la imprimer sur vos torchons.
Si vous attendez que toute la vaisselle soit arrivée, vous saurez ce que vous avez à traiter. Sinon, vous serez bonne pour une partie de Tetris et pour refaire une partie du travail.
Rationalisez.
Lorsque vous débarrassez la table et les plans de travail, rassemblez la vaisselle dans cette zone. Une fois que vous aurez tout devant vous, vous pourrez remplir le lave-vaisselle de façon que tout y loge du premier coup.
Commencez par ce qui peut aller sur l'étage inférieur (assiettes, faitouts, grands plats), puis placez ce qui ne peut aller qu'à l'étage supérieur (petites boîtes en plastique qui pourraient fondre). Enfin, comblez les trous avec ce qui reste[36].

---

36. J'ai présenté quelques-unes de ces idées dans mon podcast, et j'ai adoré recevoir ces mails cinglants de personnes qui me trouvaient complètement folle de réfléchir autant au rangement de la cuisine, avant qu'elles ne m'encensent parce que j'avais réussi à leur faciliter la vie. Oui, je suis folle, mais j'ai aussi raison.

Les papiers

Vous aviez l'impression de crouler sous la vaisselle et le linge ? C'était sans compter les papiers – de véritables forces de la nature.

Nous avons tous des wagons entiers de courriers. Si vous avez des enfants, ajoutez les dessins, projets d'art plastique, autorisations de sortie, bulletins, brochures de colonies de vacances ou de cours de piano, invitations à des anniversaires… Arrêtez-moi quand vous voulez.

Chaque morceau de papier, tout comme chaque vêtement, doit subir le processus de tri, décision, rangement.

Si vous vous occupez de ces papiers individuellement à mesure qu'ils attirent votre attention, vous allez devenir dingue. Pourtant, vous ne pouvez pas tout entasser et ne vous y intéresser que lorsque vous ne verrez plus la couleur de la table ou quand on vous coupera l'électricité.

La rationalisation consiste à traiter les documents par catégorie, plutôt que de s'attaquer à tous les papiers de la maison en une seule fois ou de les gérer individuellement.

De la même manière que vous avez instauré des zones en cuisine, déterminez des endroits qui vous aideront à regrouper vos papiers par catégorie. Je vais vous donner des exemples de zones que j'utilise, mais l'objectif consiste à déterminer les vôtres.

La zone « délais sensibles »

Les papiers présentant une certaine urgence (comme les factures, les invitations, les autorisations de sortie de l'école) requièrent une zone réservée.

Sinon, nous savons ce qui se passe. Vous posez le courrier sur le plan de travail, la facture de gaz sur le dessus pour ne pas l'oublier. Un enfant rentre et pose par-dessus un paquet de papiers de l'école. Votre partenaire ajoute une revue automobile. On ne sait comment, la laisse du chien se retrouve là aussi et vous obtenez un beau capharnaüm.
Trier cette pile nécessite plus d'énergie que nécessaire parce que chaque papier demande une action différente. On ne peut pas rationaliser un énorme tas.
Créez plutôt une zone pour les papiers urgents, et revenez-y toutes les une à deux semaines. Payez les factures, signez les formulaires et répondez aux invitations en une seule fois.
J'adore me consacrer aux documents de ma zone urgente parce que je sais dans quoi je me lance. Et comme je les ai placés dans la bonne zone dès leur réception, m'en occuper ne me prend que quelques minutes.
Astuce bonus n° 1 : inscrivez cette tâche sur votre calendrier ou mettez une alarme sur votre téléphone pour vous rappeler de vous en occuper toutes les deux semaines.
Astuce bonus n° 2 : affichez les papiers qui requièrent une attention immédiate sur le réfrigérateur, posez-les sur votre sac à main ou placez-les dans tout autre endroit qui signifie « à ne pas oublier ».

La zone « recyclage »

Ne perdez pas votre temps avec les papiers qui n'ont pas d'intérêt immédiat ni futur. (Je parle de vous, les brochures publicitaires.) Ceux-ci peuvent aller directement au recyclage. Si vous les laissez se mélanger aux papiers importants, le tri devient plus pénible et chronophage.

Quand vous rentrez à la maison avec une pile de courrier, jetez tout de suite ce qui est inutile. C'est plus du désencombrement que de la rationalisation, mais c'est une étape vitale pour libérer de la place pour ce que vous allez rationaliser.

La zone « artistique »

J'ai trois enfants qui dessinent et peignent comme si leur vie en dépendait. (Pour mon benjamin, je pense que c'est vraiment au sens propre.) Les œuvres qu'ils créent à la maison se mêlent à celles de l'école et, en un clin d'œil, nous nous retrouvons noyés sous des monceaux de coloriages et de dessins de Mario.

Comme il y a tellement de réalisations qui en sont à des stades d'achèvement différents, il serait idiot de les trier tous les jours, et cela pour deux raisons : ce serait beaucoup trop chronophage, et une chose qui a de la valeur aujourd'hui n'en aura peut-être plus demain.

Bienvenue dans la zone artistique.

Nous avons un panier géant (des quintuplés nouveau-nés pourraient y tenir) où nous mettons tous les dessins. Le moindre coloriage, brouillon ou chef-d'œuvre va dans ce panier.

Quand le panier est plein, et jamais avant, je trie. Cela prend une vingtaine de minutes. Je classe les feuilles par catégories : « à garder », « à jeter », « réutilisable ». Si ma pile « à garder » contient vingt portraits de *La Joconde*, j'en sélectionne trois à conserver. Si je devais décider tous les jours, je garderais peut-être les vingt versions sans me rendre compte que mon fils dessine sans cesse la même chose[37].

37. Ces chiffres ne sont pas exagérés. Mon benjamin a dessiné plus d'une centaine de versions de *La Joconde* durant la septième année de sa vie.

Les heureux élus vont ensuite dans une caisse en plastique remplie de chefs-d'œuvre. Quand cette caisse sera pleine (elle ne l'est pas encore au bout de neuf ans), je verrai ce que j'en ferai. Les feuilles réutilisables retournent dans le placard à fournitures, et tout le reste part au recyclage.

J'ai conscience d'être illogique quand je conseille d'avoir une grande zone de stockage unique pour les dessins alors que je vous ai dit l'exact contraire pour le courrier. Mais trier les œuvres des enfants n'est pas comme payer les factures. Vous n'avez pas besoin de voir l'ensemble du courrier pour savoir quoi faire d'un relevé bancaire. Mais voir tous les dessins est important pour choisir ce qui mérite d'être gardé et ce qui a simplement été amusant à dessiner.

Il y certains papiers qu'il est préférable de passer souvent en revue, comme les factures, et d'autres le moins possible, comme les dessins. Quelle que soit la fréquence, déterminez une zone pour les stocker le temps de vous en occuper.

La zone « pour plus tard »

Vous découpez des articles dans les magazines. Vous avez la recette du meilleur fondant au chocolat de tous les temps parce que vous avez supplié votre collègue de vous la donner après qu'elle en a apporté un lors d'une réunion de travail. Nous avons des quantités de papiers qui serviront bien un jour mais qui n'ont pas toujours de place attitrée. La solution ? Créez une zone « pour plus tard ».

Rassemblez tous ces articles et autres petites notes dans un même endroit, puis occupez-vous de les ranger en une fois. Classez les recettes dans un porte-vues, prenez en photo les images de déco inspirantes et mettez-les dans un dossier Pinterest, ou bien glissez le tout dans Evernote. Peu importe ce que vous ferez de ces petits papiers : l'important est de vous en occuper *en une fois.*

L'alimentation

Le choix des menus, la préparation des aliments et la cuisson sont des domaines où la rationalisation fait des merveilles. Comme on mange plusieurs fois par jour, regrouper certaines tâches vous rendra bien plus efficace et vous facilitera grandement la vie. Voyons quelques pistes possibles.

Le choix des menus

Prévoir ses menus s'apparente à de la rationalisation. Il s'agit de faire une sorte de tâche (décider de ce qu'on mange au dîner) une seule fois, que ce soit pour quelques jours, une semaine, un mois ou la durée qui vous sied. En décidant une seule fois, vous vous donnez de l'espace pour faire des choix dans d'autres domaines.
Je me facilite aussi la tâche lorsque j'imagine des menus en y ajoutant le principe qui consiste à décider une fois pour toutes. Au lieu de choisir mes plats parmi un nombre de sources illimitées, je me cantonne souvent à un livre de cuisine et à une liste d'aliments que je qualifie de « consensuels ». Ce sont des dîners faciles à préparer pour mon mari ou moi et ils plaisent généralement à toute la famille. Je décide une fois de suivre ce livre de cuisine et de m'en tenir à cette liste durant le mois qui vient. Ainsi, j'ai rationalisé la prise de décision relative aux menus.

La préparation des repas

Vous avez élaboré vos menus et vous remarquez que deux plats utilisent le même ingrédient (des oignons émincés, par exemple) : émincez en une fois les oignons pour les deux plats. Ne vous compliquez pas la vie en répétant l'opération plusieurs fois.

Il n'est cependant pas obligatoire de prévoir ses menus pour rationaliser la préparation des repas. Si vous revenez de courses avec plusieurs barquettes de poulet que vous avez achetées en promotion, ne les fourrez pas telles quelles au congélateur, où elles risquent de se perdre dans les limbes glacés et de ne jamais pouvoir offrir tout leur potentiel. Rationalisez la préparation du poulet.

Salez l'ensemble de la viande, parce que, quelle que soit la recette, il faudra l'assaisonner. Vous pouvez ensuite l'emballer dans des sachets individuels pour faciliter plus tard la préparation des repas (hello, question magique !), ou aller encore plus loin en la coupant en morceaux et en la congelant portion par portion, en ajoutant dans chaque sachet une dose de marinade faite maison ou achetée dans le commerce.

Si une tâche doit être réalisée plus d'une fois et que vous avez la possibilité de tout faire maintenant, rationalisez !

Le rangement des produits frais

Après de grosses courses, on est tenté de vider les sacs et de ranger les produits à mesure qu'ils se présentent. Cependant, déplacer sans cesse les choses pour faire de la place aux nouveaux produits peut devenir agaçant.

Videz plutôt vos courses dans différentes zones et rangez ensuite les produits en même temps : zone réfrigérateur, zone congélateur (commencer par là serait une bonne idée), zone placard…

Pour ma part, j'aime bien ranger les courses en famille. On se bouscule si chacun range une boîte de conserve au même endroit. Avec mon système, chaque membre de la famille prend une zone en charge et personne ne se marche sur les pieds.

Si vous souhaitez passer au niveau supérieur, vous pouvez trier vos produits au moment où vous les achetez : le frais dans ce sac, ce qui va au congélateur dans celui-ci… De retour à la maison, vous n'avez plus qu'à ranger chaque type de produit sans même avoir à réfléchir au tri.

Zappez ce qui n'est pas utile

Ne rationalisez que ce qui vous facilite la vie.

Si vous aimez trier chaque jour les dessins de vos enfants ou ranger vos courses de la façon qui vous plaît, je vous en prie, faites-le ! L'objectif de la rationalisation et de chacun de mes principes est de vous rendre la vie plus facile pour les choses qui ne sont pas importantes, afin d'économiser votre énergie et votre temps pour les choses qui le sont.

Si le fait de rationaliser vous stresse, ne le faites pas. Ça n'en vaut la peine que si ça vous aide.

Récapitulons

- Rationaliser, c'est faire un même type de tâche en une seule fois.
- Le fait de vous mettre en pilotage automatique lorsque vous traitez certaines choses à la chaîne ne fait pas de vous un robot mais vous permet d'économiser du temps pour vous consacrer à ce qui vous tient à cœur.
- Identifiez des tâches que vous répétez souvent ou bien des moments où vous défaites ce que vous avez fait, et voyez s'il serait utile de rationaliser.

Un petit pas

Ce soir, rangez votre cuisine en recourant au système des zones, et voyez si cela accélère les choses.

Rationaliser est une bonne astuce pour la maison, mais ces techniques ne sont utiles que si vous avez identifié quels domaines de votre vie vous sont essentiels. Sinon, vous vous démenez pour des choses qui n'ont pas d'importance. Maintenant, fixons nos priorités.

Principe n° 10

Réduisez *à l'essentiel*

Alors que j'écris ces lignes, j'ai renoncé temporairement à flâner sur Instagram hormis pour le travail. Quand l'idée m'est venue à l'esprit, je l'ai rapidement écartée. Le monde se partage entre ceux qui considèrent qu'Instagram est entièrement bon, et ceux qui le voient d'un mauvais œil. Soit vous le laissez prendre le pouvoir sur votre vie et vos pensées sans rien faire, soit vous faites preuve de combativité en le désinstallant de votre téléphone et en n'y allant jamais. Personnellement, je n'ai pas d'avis aussi tranché mais je me demandais si ma décision de m'en passer pendant quelque temps me placerait dans le camp des anti-Instagram.

Je lis chaque année *L'Essentialisme* de Greg McKeown, si bien que j'ai tout à fait intégré cette idée de choisir ou d'exclure volontairement. Concernant Instagram, je savais que le tout-ou-rien ne serait pas nécessaire mais que la réduction à l'essentiel serait de mise. Je me servais beaucoup de l'application pour mon travail, mais je ne prêtais pas attention à ma fréquence d'utilisation – et surtout à l'utilisation que j'en faisais.

J'avais oublié ce qui était important.

Durant ces dernières semaines, je m'en suis souvenue.

Voir ce que mes vrais amis publient me manque. Rire en regardant le compte *Comments by Celebs*[38] me manque. Voir l'acteur James McAvoy dans ses montagnes écossaises me manque[39].

Qu'est-ce qui n'est pas important ? Les publicités qui me font acheter des choses que je pense nécessaires mais dont je n'ai

38. Compte qui présente des mèmes inspirés de l'actualité des stars. (N.d.T.)

39. Mon mari est au courant de mon crush pour James McAvoy. Il le prend bien.

en fait pas besoin, les comptes que je suis parce que les pages sont jolies mais qui m'amènent plus souvent à me comparer qu'à ressentir de la joie, scroller quand je m'ennuie... Tout cela ne me manque absolument pas.
Devinez ce qui se passera une fois ma *digital detox* terminée ? Je vais réduire Instagram à l'essentiel.
Maintenant que j'ai identifié ce qui est important, je peux arrêter de suivre les comptes qui ne correspondent pas à mes critères. Fini les feeds qui me conduisent à comparer, juger ou perdre mon temps.

Pourquoi il est important de réduire à l'essentiel

Si vous voulez vous consacrer à ce qui vous tient à cœur et envoyer valser le reste, il vous faut *savoir* ce qui est important.
Cela vaut autant pour la devise brodée encadrée au-dessus de votre canapé que pour ce qui se trouve dans vos tiroirs, dans votre sac à main et sur votre calendrier. Identifiez ce qui est essentiel pour vous, et vous verrez ce dont vous avez besoin pour aller dans ce sens.

Si vous remplissez votre vie de choses non essentielles ou qui vous importent peu, sans le vouloir vous ne faites qu'ajouter du bruit parasite, une gêne qui explique en partie pourquoi vous êtes si fatiguée.

Si vous remplissez votre vie de choses non essentielles ou qui vous importent peu, sans le vouloir vous ne faites qu'ajouter du bruit parasite, une gêne qui explique en partie pourquoi vous êtes si fatiguée.
Avez-vous déjà joué au « jeu de l'avenir » quand vous étiez petite ? C'est un jeu qui permet de prédire l'endroit où vous

vivrez plus tard (château, appartement, roulotte ou maison), qui vous allez épouser (que serait la vie pour une fillette de douze ans sans un futur mari ?), quel sera votre métier et combien d'enfants vous aurez[40].

On pense que la vie est faite de grandes décisions, que l'endroit où l'on vit est plus important que la manière dont on y vit jour après jour.

On pense que la vie est faite de grandes décisions, que l'endroit où l'on vit est plus important que la manière dont on y vit jour après jour. Souvenez-vous plutôt de l'importance de commencer petit. Ce sont les petits choix que nous faisons au quotidien, plus que les grandes décisions, qui contribuent à créer une vie qui a du sens.

Plus vous opterez pour l'essentiel et vous dirigerez délibérément vers ce qui vous tient à cœur, moins vous aurez de bruits parasites à gérer et plus vous aurez d'énergie pour mener une vie épanouie.

L'addition par soustraction

Êtes-vous comme moi : vous tentez de vous épanouir en ajoutant des choses dans votre vie ?

Vous ne vous sentez pas satisfaite quand vous choisissez vos vêtements, alors vous en achetez davantage. Vous êtes débordée dans votre travail, alors vous ajoutez à votre planning des activités destinées à apaiser votre stress. Vous ne vous sentez pas l'âme d'un cordon-bleu, alors vous achetez des tas de gadgets pour la cuisine et de nouvelles

40. Je me rends compte à présent avec quelle violence ce jeu se fonde sur des stéréotypes de genre.

séries de casseroles afin de compenser votre supposée incompétence.

Pour parvenir à un sentiment de satisfaction, vous ajoutez. Mais c'est une satisfaction creuse et fugace. Vous vous retrouvez simplement avec davantage de bruit à gérer.

Le véritable épanouissement s'obtient par *soustraction,* en enlevant tout ce qui vous détourne de ce qui vous tient à cœur en ne gardant que l'*essentiel.*

C'est le principe du retour à l'essentiel. Je remercie Greg McKeown d'avoir popularisé, pour notre bien-être à tous, l'idée de se consacrer à ce qui importe et de laisser tomber le reste. Il écrit : « Celui qui réduit à l'essentiel fait volontairement des concessions*. »

Il en va de même dans ma méthode. Je comprends votre réticence à devoir enlever des choses, supprimer des rendez-vous ou même mettre un terme à des relations qui vous empêchent de vivre la vie que vous désirez. Ajouter, c'est plus attrayant. Acheter, c'est plus amusant. Je suis allée dans un magasin de loisirs créatifs hier pour acheter du papier à aquarelle pour mes enfants, et j'ai dû me réfréner pour ne pas repartir avec autre chose.

Le véritable épanouissement s'obtient par *soustraction,* en enlevant tout ce qui vous détourne de ce qui vous tient à cœur en ne vous laissant que *l'essentiel.*

Avoir envie d'une nouvelle figurine animale en céramique à mettre sur mon bureau fait-il de moi une mauvaise personne ? Bien sûr que non. Mais en réduisant à l'essentiel, je fais des concessions. Je préfère avoir des surfaces moins encombrées et donc plus faciles à dépoussiérer que posséder un bibelot supplémentaire. J'aime mieux

mettre cet argent dans la cagnotte destinée à notre voyage en famille que le dépenser sur un coup de tête.
Ce n'est pas l'achat lui-même qui est problématique. J'achète toujours des choses et j'adore ça. Mais savoir et identifier ce qui me tient à cœur m'aide à ne choisir que ce qui est essentiel. Enlever ces bruits parasites ajoute du sens à ce que vous possédez déjà.
Cantonnez-vous à l'essentiel.

Le pouvoir de choisir

Je ne veux pas savoir comment vous vivez ni pourquoi, mais vous avez sûrement oublié que vous avez la capacité de décider de votre vie. Vous avez bien plus de contrôle sur vos choix que vous n'en avez conscience.
Nous avons parlé de l'importance de commencer petit (notre deuxième principe), de l'immense influence que peuvent avoir de petites décisions. Il n'est pas difficile de faire, d'acheter ou de planifier comme vous l'avez toujours fait, mais si vous n'optez que pour des choses non essentielles, vous prenez le parti de laisser de la place aux bruits parasites.
Vous pouvez choisir différemment.
Toutefois, quand je dis que vous avez le choix, je parle d'acheter des gâteaux pour la fête de Noël de votre entreprise ou de les faire vous-même, de redécorer ou non votre chambre, de faire l'acquisition ou non de certaines choses afin d'économiser pour ce voyage tant désiré.
Mais quand je parle de viser ce qui vous tient à cœur, il faut bien noter que ces choses importantes sont hautement personnelles et dépendent de votre place dans la société et dans le monde. Et si j'aspire profondément à ce que tout un

chacun puisse vivre ses passions, j'admets que mon regard est fortement influencé par mon statut de femme blanche de la classe moyenne américaine. J'ai un carport, une cagnotte pour partir en vacances et je n'ai jamais eu à sauter de repas pour que mes enfants puissent manger. J'ai le luxe de pouvoir me forger une vie qui a du sens, de réfléchir au nombre de cardigans que j'ai envie de posséder. Je suis très privilégiée, et vous aussi, sans doute.

Ou peut-être pas.

La capacité de chacun à prendre des décisions peut être affectée par nombre de phénomènes : marginalisation, maltraitances, traumatismes, préjugés. J'ai grandi dans une famille maltraitante, et le choix n'a pas toujours fait partie de l'équation. Je ne veux pas être rabat-joie, mais c'est un élément important à prendre en compte.

Oui, nous pouvons tous faire des choix, mais il est plus facile pour certaines personnes que pour d'autres de les appliquer. Sachez que je prends cette réalité en compte et que je considère tout un chacun.

Et pourtant, quels que soient la configuration et le rythme de notre quotidien, nous aspirons tous à une vie qui ait un sens. Nous désirons que notre temps sur Terre, dans nos foyers et avec nos proches compte.

Revenons donc à l'essentiel.

Comment identifier l'essentiel

Il y a quelques années, j'ai voulu apprendre à tricoter. Je suis allée dans ma boutique de loisirs créatifs, j'ai acheté une dizaine de superbes pelotes ainsi qu'une demi-douzaine d'aiguilles à tricoter de diamètres différents, et j'ai trouvé des modèles sur des blogs. Ai-je appris à tricoter ? Hum, non. Parce que je ne suis pas allée à l'essentiel.

Apprendre à tricoter me tenait à cœur. Mais pourquoi ? Avec le recul, je pense que c'était pour apporter de la simplicité dans ma vie, pour avoir une activité calme et tranquille en fin de journée. Mais à l'époque, je n'avais pas mis le doigt sur ces raisons.

Il faut savoir *pourquoi* quelque chose vous tient à cœur pour identifier ce qui est essentiel.

Ce qu'il me fallait, c'était un projet simple pour apprendre à tricoter. Qu'est-ce qui était essentiel pour aller dans ce sens ? Une pelote de laine, une paire d'aiguilles et un bon tuto YouTube.

Ce que j'ai obtenu à ne pas m'en tenir à l'essentiel : de la confusion plutôt que de la sérénité. J'avais trop de possibilités et trop de choses qui me détournaient de l'essentiel. Je n'ai pas commencé en voyant petit. Et je n'ai jamais appris à tricoter. J'ai accompagné cette démarche de trop de bruits parasites pour me souvenir de ce qui était important.

Voici un autre exemple : j'avais un étage complet d'un placard rempli de différentes sortes de thés. Est-ce que le thé m'importe ? En fait, oui. J'adore me préparer une tasse de thé l'après-midi quand il fait froid. C'est comme un rituel qui me permet de ralentir, et c'est important. Ce qui l'est moins en revanche, c'est d'avoir quinze parfums de thé différents. Je choisis toujours le Earl Grey de toute façon, alors pourquoi acheter d'autres sortes ? Elles ne sont pas essentielles et ne font que générer du bruit parasite. J'aime préparer du thé, et je suis plus à même de le faire si je n'ai pas à fouiller dans une grande boîte de sachets pour trouver celui que je cherche.

Un choix n'est essentiel que s'il ajoute directement de la valeur à ce qui vous tient à cœur.

Réduire à l'essentiel en trois étapes

McKeown propose trois étapes pour identifier ce qui est essentiel. Je ferai de même en les adaptant à mon approche. Pour évaluer ce qui est primordial pour vous dans une pièce, concernant une habitude ou une relation, considérez ces points :

1. Nommez ce qui vous importe vraiment.
2. Débarrassez-vous de ce qui se trouve en travers de votre chemin.
3. Ne gardez que l'essentiel.

Nos toilettes invités sont hideuses et, si j'oublie ce qui importe concernant cette pièce, je ne fais qu'ajouter des bruits parasites, du stress et plein de choses non essentielles.

Je vous fais visiter. Il y a une fenêtre bizarre, qui n'en est pas vraiment une bien qu'elle soit dotée de vrais volets, dont la peinture s'écaille abondamment. Le mur à côté des toilettes est couvert de traces d'inscriptions en creux, datant du jour où l'un de mes garçons, tout en faisant ses petites affaires, ne trouvant pas de feuille pour faire son devoir de maths, s'est servi du mur.

Du mur.

Il y a aussi une vieille table de nuit qui ne va pas vraiment dans la décoration mais que nous avons placée là parce qu'il fallait un rangement pour les serviettes et le papier toilette et que nous ne voulions pas investir dans un meuble neuf.

Visiblement, les toilettes ne sont pas dans un état parfait. Mais, vous savez quoi ? *Ça n'a pas d'importance.*

La première étape consiste à savoir ce qui compte vraiment. Ces toilettes sont propres, fonctionnelles et offrent une expérience raisonnablement agréable à la personne qui les utilise.
La deuxième étape consiste se débarrasser de ce qui pourrait empêcher cela : la serviette maculée de dentifrice, la pile de livres *Calvin et Hobbes*[41] sur le sol, et mes espoirs que ces toilettes ressemblent à celles que l'on voit dans les magazines de déco.
La troisième étape consiste à ne conserver que l'essentiel : un savon qui sente bon, du papier toilette en quantité suffisante, un désodorisant bien en vue au cas où, et une boîte de lingettes nettoyantes sur la table de nuit pour que le ménage soit rapide et facile.
Certes, ces toilettes ressemblent à la photo « avant » d'un comparatif de rénovation, mais l'essentiel est respecté, et c'est ce qui importe.
Chaque jour, je m'épargne beaucoup d'énergie physique et mentale en choisissant d'accepter cette pièce telle qu'elle est, en décidant de ce qui m'importe et en ne tenant pas compte du reste. Peut-être qu'un de ces jours cela entrera davantage en ligne de compte, mais pour le moment, non.
Cela veut-il dire, si vous souhaitez chez vous des toilettes version « après », que l'une de nous a raison et que l'autre a tort ? Absolument pas. On se laisse facilement influencer par ce qui importe aux autres, mais cela ne doit avoir aucune incidence pour vous. Ne l'oubliez pas : choisir ce qui est primordial pour vous ne fait pas de vous quelqu'un de meilleur ou de plus mauvais qu'une personne qui a d'autres priorités.

---

41. La lecture de mes enfants aux toilettes, pas la mienne.

Voici maintenant quelques autres exemples d'application de ce principe dans la vie réelle.

Réduire à l'essentiel, exemple n° 1 : l'habillage

Comme je ne vous connais pas et que j'ignore comment est votre dressing, je vais prendre mon propre cas en exemple.
Premièrement : identifier ce qui m'importe en matière d'habillement. C'est facile : je veux pouvoir opter facilement pour des tenues dans lesquelles je me sens à l'aise. Il est important pour moi que la décision se fasse sans effort et que la première tenue que j'essaie soit la bonne.
Deuxièmement : me débarrasser de ce qui m'en empêche. Pour moi, c'est l'excès de choix, les vêtements qui ne me vont pas bien, et ceux qui ne reflètent pas tout à fait mon style.
Troisièmement : ne garder que l'essentiel, ce qui comprend tous mes habits noirs, blancs et en jean. Je ne me sens pas moi-même quand je porte des couleurs.
Mon dressing et le choix de mes vêtements sont maintenant réduits à l'essentiel. J'ai identifié ce qui m'importait et adapté mon environnement en conséquence.
Voilà ce qui est chouette : s'il vous tient à cœur d'avoir beaucoup de choix parce que vous adorez vous exprimer à travers votre manière de vous habiller, votre dressing essentiel sera différent du mien, et c'est *tant mieux.*
Ne confondez pas « réduction à l'essentiel » et « minimalisme », notamment si vous avez un dressing très rempli offrant beaucoup de possibilités.

Réduire à l'essentiel, exemple n° 2 : les dépenses

Je ne peux pas me mettre à votre place concernant votre budget, alors je vais parler de mon cas.

Premièrement, Kaz et moi devons identifier ce que nous pensons important quand il est question d'argent : nous voulons vivre conformément à nos moyens. Oui, c'est un peu pédant, mais c'est la vérité. À nous deux, nous avons connu l'ensemble des situations financières possibles. Nous avons fait nos études à la même époque et mangé énormément de pâtes premier prix. Nous avons vécu avec un salaire d'enseignant débutant, et chaque sou comptait. Nous avons plus de liberté financière désormais, ayant chacun des revenus, mais nous tenons à ne pas vivre au-dessus de nos moyens. Nous trouvons important de faire des choix responsables, de nous montrer généreux et d'utiliser notre argent pour vivre en société avec notre famille.

Deuxièmement, déterminons ce dont nous pouvons nous débarrasser qui nous empêche d'accéder à ce qui nous tient à cœur. La réponse est « tout ce qui nous fait dépenser de manière irréfléchie » : les achats impulsifs, l'acquisition de choses dont nous n'avons pas besoin mais que nous nous sommes procurées en soldes, ou le fait d'oublier que la moindre somme peut faire une grande différence.

Troisièmement, ne conservons que l'essentiel. Pour nous, il s'agit de noter nos dépenses. Si j'oublie d'entrer des frais dans mon application de suivi de budget, je retarde le moment d'entrer la suivante, puis celle d'après. Une semaine plus tard, je me retrouve avec une liasse de tickets de caisse dans mon portefeuille et je ne sais plus trop où nous en sommes dans nos dépenses hebdomadaires. Il est essentiel que je note nos

dépenses au fur et à mesure pour garder en vue ce qui nous tient à cœur.
Vous avez probablement envie, vous aussi, d'avoir une meilleure gestion de votre argent, et vous vous faciliterez beaucoup la tâche si vous avez identifié ce qui est important pour vous. Si vous dites simplement : « Je voudrais utiliser mon argent de façon plus sage », sans raison concrète, vous ne réussirez pas à réduire à l'essentiel.

Réduire à l'essentiel, exemple n° 3 : le ménage de la salle de bain

Je ne pense pas avoir de mots adéquats pour exprimer à quel point je déteste faire le ménage dans la salle de bain. Poussière, humidité, nombre trop élevé de substances non identifiables : j'éprouve à chaque fois le besoin de prendre une douche une fois que j'ai terminé.
Nous avons malgré tout besoin d'avoir une salle de bain propre, au moins la plupart du temps. Comment réduire à l'essentiel pour faire plus souvent le ménage sans avoir l'impression d'aller au bagne ?
Premièrement, identifions ce qui est important par rapport au nettoyage de la salle de bain : faire en sorte que j'en aie fini le plus rapidement possible.
Deuxièmement, voyons ce que je peux soustraire. D'une part, j'ai trop de produits parmi lesquels choisir. J'oublie même où je les ai mis parfois : il me faut réduire mon panel de produits nettoyants. Je peux aussi venir à bout de mon dégoût en n'attendant pas que la crasse se soit trop accumulée.
Troisièmement, ne gardons que l'essentiel. Cela consiste pour moi à nettoyer la salle de bain une fois par semaine (avant que ça ne devienne trop désagréable), en gardant la

pièce aussi rangée que possible dans l'intervalle pour pouvoir nettoyer le plus vite possible, et en conservant un produit nettoyant à portée de main pour ne pas avoir à le chercher partout et m'agacer avant même d'attaquer le ménage.

Tout peut se réduire à l'essentiel

Votre tiroir à couverts vous rend folle ? Il est peut-être trop rempli parce que vous récupérez tous les gadgets gratuits que l'on vous propose, si bien que vous en avez plus que de besoin.
Votre placard à maquillage déborde ? Vous n'en utilisez que cinq mais devez les chercher parmi une trentaine de produits ?
Les embouteillages à la sortie de l'école vous rendent folle ? Vous oubliez peut-être que récupérer votre enfant chaque jour et l'accueillir avec un sourire est plus important que l'agacement provoqué par la mauvaise circulation autour de l'établissement.
Quel que soit le domaine, souvenez-vous de commencer petit. N'appliquez pas le principe de la réduction à l'essentiel aux moindres recoins de votre maison et de votre vie dès aujourd'hui. Mais, si vous sentez poindre de l'énervement, que la pagaille soit réelle ou d'ordre émotionnel, réduisez ce point à l'essentiel.

Récapitulons

- « Réduction à l'essentiel » n'est pas synonyme de « minimalisme ». Cela signifie simplement « éliminer ce qui vous détourne de ce qui est important ».
- Identifiez ce qui vous tient à cœur, débarrassez-vous de ce qui vous empêche d'y parvenir et ne gardez que l'essentiel.
- Il va falloir faire des choix. Ne laissez personne déterminer pour vous ce qui est important.
- Réduire à l'essentiel fonctionne dans tous les domaines. N'hésitez pas à essayer : il faut simplement commencer petit.

Un petit pas

Réduisez à l'essentiel le contenu de votre tiroir à couverts.

Lorsque votre intérieur sera limité à l'essentiel (n'oubliez pas : ne traitez pas toute la maison d'un coup), certaines tâches deviendront beaucoup plus faciles. Cependant, l'ordre selon lequel on réalise les choses peut avoir une incidence. Au chapitre suivant, nous allons voir comment faire les choses dans le bon ordre.

Principe n° 11

Faites les choses *dans l'ordre*

Alors que nous étions jeunes mariés, j'ai remarqué que Kaz faisait la vaisselle à la main avant que le lave-vaisselle ne soit plein. Quelle idée ! Cela me paraissait complètement idiot. N'avait-il pas conscience qu'il lavait quelque chose alors que cela n'était pas nécessaire ? « Il y a encore de la place dans cette formidable machine, cher mari. Qu'est-ce que tu fais ? » Cela me rendait folle.

Avec du recul, je me suis rendu compte qu'il faisait effectivement les choses dans le mauvais ordre, mais que moi aussi. Si lui ne démarrait pas par la bonne tâche, moi je ne partais pas avec le bon état d'esprit.

Accomplir les choses dans le bon ordre permet de gagner en efficacité. Mais si l'efficacité est votre but premier, vous risquez de faire du zèle. Vous consacrez trop d'énergie aux mauvaises choses et vous allez simplement vous fâcher contre ce mari serviable que vous ne trouvez pas efficace.

La méthode paresseuse correspond plus à un état d'esprit par défaut qu'à un choix délibéré. Vous ne décidez pas de renoncer à faire les choses dans le bon ordre ; c'est plutôt que vous ignoriez qu'il en existait un. Le cerveau de certaines personnes n'est tout simplement pas configuré pour voir les choses sous cet angle.

Si vous êtes concernée, j'espère que ce chapitre vous permettra d'avoir une petite idée des avantages inimaginables dont vous pourrez profiter en faisant simplement les choses dans le bon ordre.

Un bon ordre pour chaque chose

Toute tâche, qu'il s'agisse de remplir un tableur Excel ou d'aborder un sujet délicat, peut être facilitée en suivant ces trois étapes :

1. Souvenez-vous de ce qui est important.
2. Calmez le jeu.
3. Faites-vous confiance.

Un petit rappel

Au cas où vous auriez encore besoin d'un peu d'aide pour identifier ce qui est important pour vous, notamment concernant les corvées et autres tâches pénibles, voici quelques idées.

- Ranger ne consiste pas à ramasser encore et toujours le bazar que laissent les autres membres de la famille parce qu'ils sont ingrats et que c'est à vous de tout faire. Ranger, c'est faire de la place pour pouvoir sortir de nouvelles choses.
- Changer les draps n'a pas pour but de créer un branle-bas de combat dans chacune des pièces de la maison. Cela permet de gagner en confort en dormant dans un lit propre.
- L'activité physique n'a pas pour objectif de vous faire mincir et de vous aider à vous accepter. Elle permet de prendre soin de son corps et d'évacuer le stress.
- La gestion du linge n'est pas un moyen de juger le niveau de contrôle que vous avez sur votre vie. C'est remplir les placards d'habits vous permettant, à vous et à vos proches, de vous sentir à l'aise et d'exprimer votre style.
- Ranger la cuisine n'est pas une corvée sans fin. C'est libérer de l'espace et remplir placards et tiroirs d'aliments et d'ustensiles permettant de créer du lien autour de la table.
- Désherber le jardin n'est pas une punition (sauf quand j'étais petite et que je disais des mensonges). Cela

permet de faire de la place pour que vos fleurs préférées s'épanouissent.

- Le ménage n'est pas un fardeau qui pèse en permanence sur vos épaules. C'est une manière de prendre soin de votre intérieur et de faire de la place pour ce qui vous tient à cœur.

Ce ne sont pas des étapes concrètes : agaçant, n'est-ce pas ? Je ne vais pas vous dire que c'est facile, mais vos tâches quotidiennes auront plus d'effet si vous commencez ainsi.

Étape 1 : souvenez-vous de ce qui est important

Ma méthode repose premièrement sur le fait de ne pas oublier ce qui est important. Si vous ne commencez pas par ça, c'est mal parti. En vous souvenant de ce qui importe dans chaque tâche, vous repérez ce qui est essentiel et ce qui ne l'est pas, ce que vous pouvez faire maintenant pour vous faciliter les choses par la suite, dans quelle mesure la période où vous en êtes dans votre vie affecte votre tâche...
Commencez toujours par ce qui importe.

Étape 2 : calmez le jeu

Une fois que vous vous serez rappelé ce qui importe et donné un bon petit recadrage, vous pouvez passer à l'étape suivante : calmer les choses. Finalement, c'est le but ultime, non ? Vous êtes fatiguée de vous sentir comme un hamster dans une roue. Vous voulez moins courir et vivre plus sereinement.

Lorsque vous débutez une tâche, demandez-vous : « Quelle action serait la plus susceptible d'apaiser la situation ? » Nous avons déjà évoqué cette idée quand nous avons parlé d'instaurer de bonnes routines, et cela se rapproche aussi un peu de la question magique (p. 55). Si vous vous attelez à votre mission en priorisant une action avec un effet immédiat, vous apaiserez plus rapidement la situation et apprécierez peut-être même d'accomplir votre tâche.

Étape 3 : faites-vous confiance

Une fois que vous vous serez rappelé ce qui importe et que vous aurez calmé le jeu, il est probable que vous trouviez intuitivement quoi faire ensuite. Mais pour cela, il faut vous faire confiance.

C'est plus facile à dire qu'à faire, certes, surtout si vous n'êtes pas toujours écoutée, par exemple quand vous allez consulter votre médecin parce que quelque chose ne va pas et qu'il vous préconise simplement de dormir davantage. Ou lorsque vous trouvez le courage de vous ouvrir à une amie d'un trait de caractère que vous venez de vous découvrir et qu'elle vous répond avec désinvolture qu'elle ne vous voit pas comme ça. Quand on n'est pas écoutée, il arrive souvent que l'on ne se fasse pas confiance.

Pourtant, vous le pouvez. C'est même vital.

Au fil des années, j'ai conçu un bon nombre de ressources destinées aux femmes, pour les aider à se rendre la vie plus douce, et la plupart conseillent notamment de s'affirmer. Saviez-vous à quel point il est fréquent qu'elles refusent d'écrire quoi que ce soit parce qu'elles ont peur de mal faire ? Imaginez : je reçois chaque jour plusieurs messages de femmes me demandant comment je m'organise parce qu'elles ne sont pas sûres de leurs propres choix !

Vous pouvez vous faire confiance.

Vous connaissez beaucoup mieux que moi votre vie et votre caractère : *vous êtes donc la mieux placée pour savoir ce dont vous avez besoin.* Bien sûr, les gens ont parfois des avis pertinents et il est précieux de savoir les écouter, mais cela ne doit pas se faire au détriment de votre propre pensée. Faites-vous confiance.

***Vous êtes la mieux placée pour savoir ce dont vous avez besoin.* Bien sûr, les gens ont parfois des avis pertinents, mais il ne s'agit pas de les écouter au détriment de votre propre pensée.**

Si vous ne vous faites pas confiance, vous prendrez mes suggestions pour des règles alors que vous savez peut-être en votre for intérieur comment vous préférez procéder, ne serait-ce que pour le tri du linge.

Nous allons voir plus en détail comment réaliser les choses dans le bon ordre, mais sachez que l'idéal consiste toujours à procéder selon les trois étapes ci-dessus.

Étude de cas n° 1 : ranger les feutres

Mes enfants font sans cesse des coloriages, si bien que nous avons beaucoup de feutres. J'ai passé des centaines d'après-midi à ramasser par dizaines crayons et bouchons, sous les chaises, derrière les rideaux, ainsi que dans mes cauchemars. Vraiment, quand ces enfants cesseront-ils de me donner du travail ? *Je n'en peux plus de tous ces feutres !* Mais mes petits adorent l'art. Ils aiment colorier, imaginer, dessiner leurs propres bandes dessinées.

Si je me demande d'abord ce qui est important, mon point de vue change et l'agacement diminue. Au lieu de considérer le ramassage de feutres comme une corvée, je me dis qu'ils contribuent à quelque chose qui m'importe : la créativité. Ensuite, je me demande ce que je pourrais faire pour calmer le jeu à propos de ces feutres. Peut-être en trouvant un lieu de rangement facile d'accès. (Une référence au principe qui consiste à avoir une place pour chaque chose. Voyez comme tous nos principes sont liés !)

Pendant un temps, les feutres étaient rangés dans leurs cartons déchirés, fourrés dans différents tiroirs, dans les chambres des enfants. Il pouvait arriver que j'en retrouve dans ma salle de bain. *Vous vous rendez compte ?*

Nous avons donc calmé le jeu. Nous avons donc trouvé un grand panier pour les feutres et avons libéré une place pour l'installer près de la table de la cuisine, là où les enfants s'attèlent généralement au coloriage. Tout le monde sait maintenant qu'il faut remettre les feutres dans ce panier.

Il est désormais temps de me faire confiance pour la suite. Les étapes suivantes ne sont pas forcément convenues, et c'est le cas pour notre exemple de crayons-feutres. Cependant, maintenant que j'ai rappelé ce qui m'importe et que j'ai calmé le jeu, je vois les choses plus clairement. Je me rends compte que si tant de feutres finissent par terre, c'est très souvent parce qu'ils sont secs. Les enfants jettent leurs feutres inutilisables par terre !

L'étape suivante apparaît comme une évidence : retirer les feutres secs. Je n'ai pas besoin de taper « rangement des feutres » sur Google ni de chercher des solutions créatives sur Pinterest. Il me suffit de me souvenir de ce qui est important, de calmer le jeu, et de me faire confiance pour savoir que faire ensuite.

Aborder ainsi votre liste de corvées ou vos difficultés vous semble trop simpliste ou verse trop dans l'émotion ? Pourtant, avec votre méthode habituelle, vous ne savez pas par où commencer tellement les possibilités sont nombreuses.

Étude de cas n° 2 : le ménage

Nettoyer toute la maison, c'est comme gravir une immense montagne : on ne sait pas comment se lancer.

Commencez par ce qui est important.

Si faire le ménage consiste à prendre soin de votre intérieur et à faire de la place pour ce qui vous tient à cœur, réfléchissez à cela un instant. Respirez profondément. Faites appel à votre sens de la gratitude pour vous apaiser. Je sais que vous avez beaucoup à faire et que vous n'avez pas le temps de brûler de la sauge chaque fois qu'il faut passer l'aspirateur, mais se rappeler ce qui est important s'avère vital pour déterminer s'il faut zapper une tâche ou s'y attaquer.

Puis, demandez-vous ce qui pourrait calmer le jeu. Chacun répondra de façon différente parce que ce ne sont pas les mêmes choses qui nous agacent.

Je me souviens très bien d'une émission d'Oprah Winfrey où une femme du public a dit qu'elle faisait le ménage nue. Au moment de s'y atteler, elle se déshabillait. Pourquoi ? Elle se sentait sale quand elle nettoyait et ne voulait pas que ça la gêne. Apparemment, enlever ses sous-vêtements lui permettait d'aborder cette corvée plus sereinement. Et pourquoi pas, après tout ?

Quelle pièce, si elle était propre, vous apaiserait le plus ? Quelle tâche précise permettrait de considérer cette pièce plus sereinement ?
Pour ma part, il s'agit toujours du sol du salon. Quand notre espace de vie est jonché de jouets, de livres, de chaussettes et de tasses à mesurer que ma fille a pris dans un tiroir de la cuisine, j'ai l'impression que mes yeux sortent de leurs orbites. Quand la pièce est rangée, je suis zen. Cette simple tâche qui consiste à ramasser ce qui se trouve par terre dans le salon change mon point de vue sur l'ensemble de la maison.
Ensuite, faites-vous confiance. Inutile de vous demander ce qui serait *préférable*. Faites ce qui vous semble en accord avec vos besoins, le temps dont vous disposez et l'énergie que vous êtes prête à dépenser.

Ne nettoyez pas forcément ce qui est le plus sale

Vous vous dites qu'il faut commencer par nettoyer la pièce dont vous vous êtes le moins occupée depuis la dernière séance de ménage ? Si vous ne vous fondez que sur le degré de saleté, vous risquez de gaspiller votre temps à vous consacrer à une pièce qui n'a pas d'importance. Zappez l'endroit le plus douteux si cela vous empêche de vous consacrer à une zone qui vous apaiserait davantage. La pièce sale peut attendre.

Étude de cas n° 3 : nettoyer les toilettes

Vous savez déjà à quel point je déteste faire le ménage dans cette horrible pièce. Pourquoi est-elle la pire à nettoyer ?[42]
Je ne vous mentirai pas, je peine à identifier ce qui importe dans cette pièce, parce que le retour sur investissement n'est pas assez rapide. Malgré tout, je sais que je me sentirai bien mieux après, quand les toilettes seront propres et qu'elles sentiront bon. C'est cette promesse qui me motive.
Le point le plus agaçant à apaiser : la poussière humide. Imaginez-vous en train de faire le ménage. Vous vaporisez le lavabo ou les toilettes, puis vous essuyez. Et alors ces petites particules de poussière bleues et grises vous narguent en se déplaçant partout. Que se passe-t-il ?
C'est de la poussière, et vous venez de la mouiller.
Mode colère activé.
Cela me rend folle car mes efforts pour enlever cette poussière semblent vains : la meilleure manière pour moi de calmer le jeu consiste donc à faire les poussières dans un premier temps.
Pas de vaporisateur, pas de lingettes humides. Commençons par débarrasser toutes les surfaces et les épousseter.
Votre manière de calmer le jeu sera probablement différente de la mienne, mais, chez moi, c'est cette poussière humide qui déclenche ma colère. Il est logique que j'en fasse ma priorité, non seulement pour faciliter la suite du ménage, mais aussi pour gagner en sérénité.

---

42. Je vois plusieurs raisons, et la plupart comprennent le mot « urine ».

Je m'occupe ensuite de ce qui vient naturellement après, c'est-à-dire essuyer rapidement les surfaces.
Les toilettes sont dans un état acceptable, et je ne suis plus agacée. Mission accomplie.

Un bon ordre pour un nettoyage impeccable des toilettes et de la salle de bain

1. Faire les poussières.
2. Débarrasser toutes les surfaces.
3. Vaporiser partout et laisser tel quel.
4. Balayer par terre.
5. Essuyer le lavabo et les toilettes.
6. Nettoyer les miroirs.
7. Frotter la baignoire et la douche.
8. Passer la serpillière sur le sol.
9. Remettre flacons et autres brosses à leur place.
10. Prendre une douche parce que vous le méritez.

Étude de cas n° 4 : le linge

S'occuper du linge est évidemment important, dans la mesure où nous avons besoin de nous habiller. Au-delà de ça, j'aime considérer cette tâche comme un moyen d'aider ma famille et moi-même à nous sentir bien. Lorsque je m'occupe de trier, laver, ranger les vêtements avec cet objectif en vue, j'y trouve plus facilement du plaisir.
Après avoir réfléchi à ce qui vous importe concernant le linge (ça peut être tout autre chose), demandez-vous ce que vous pouvez faire pour calmer le jeu.
Tout dépend de ce qui vous agace.

Astuces pour le linge

Tout dépend de ce que vous lavez et du temps dont vous disposez, mais voici quelques astuces pour trouver le bon ordre lorsque vous vous occupez de votre linge.

- *Commencez par les draps.* Ils remplissent une machine à eux seuls, si bien que vous pouvez mettre en route une lessive sans attendre d'avoir rassemblé tout le reste du linge sale. Il est probable que vous ayez déjà les draps sous la main sans avoir à les chercher partout dans la maison.
- *Choisissez le contenu de la lessive suivante en fonction de ce que vous ferez quand elle aura fini de sécher.* Si le bip du sèche-linge sonne au moment où vous partez chercher les enfants à l'école, ne sélectionnez pas des vêtements qui se rangent suspendus sur des cintres, ils seraient froissés à votre retour.
- *Profitez de la nuit.* Le soir, faites tourner une machine de vêtements qui ne se froissent pas puis mettez-la au sèche-linge pendant la nuit. Avant de vous coucher, lancez de nouveau la machine à laver : quand vous vous lèverez, vous n'aurez plus qu'à la mettre à sécher. Vous aurez déjà fait une bonne partie du travail avant même de boire votre café.

Pour ma part, si je me suis évertuée à trier et laver les vêtements en fonction de leur place (rappelez-vous du chapitre sur la rationalisation), je veux que mes efforts paient. Si je lance une lessive de sous-vêtements et de chaussettes et que je retrouve une paire sale quelque part dans la maison, ça me rend folle.

Je calme le jeu en rassemblant tout ce qui peut être sale avant de démarrer la première lessive. Sinon, je perds l'avantage de la rationalisation.

Ensuite, je me fais confiance sur ce qui paraît le plus judicieux. Spoiler : ce sera sûrement une nouvelle fournée de linge. Mais je peux décider ce qui me semble le mieux selon le programme de ma journée et mon humeur.

Étude de cas n° 5 : planifier votre journée

Le but d'une journée n'est pas forcément d'être productif. On peut tout à fait passer une journée à se reposer ou à jouer avec son bébé, sans même jeter un œil à sa to-do list. Si vous n'avez que la productivité en tête lorsque vous planifiez vos journées, vous risquez de rater ce qui les rend précieuses. Souvenez-vous de ce qui est important, et faites vos choix en fonction.

Certains jours, il est nécessaire d'être efficace. Si vous avez une date butoir à respecter, donnez votre maximum. La productivité n'est pas mauvaise en soi. Mais ce n'est pas toujours elle qui prime.

Au moment de vous organiser, que ce soit la veille au soir ou le matin même, les yeux encore embués de sommeil, demandez-vous d'abord ce qui est important durant cette journée : privilégier la connexion, faire le ménage pour vous sentir mieux, aller courir pour évacuer un peu de stress, ou remplir le congélateur en prévision d'une période surchargée où vous aurez besoin de la question magique pour décider de vos repas.

Ce qui se joue peut être d'ordre pratique, spirituel, concret, ou cela peut juste être une envie désespérée de sérénité. Quelle que soit sa nature, identifiez ce besoin.

Ensuite, réfléchissez à ce que pouvez-vous faire pour calmer le jeu. Vous ne serez pas agacée par les mêmes choses selon les jours, mais en commençant par identifier ce qui est important, vous réussirez à répondre de manière plus réfléchie et trouverez la chose à faire pour vous sentir mieux.
Enfin, ayez foi en vous. Vous saurez à quoi vous consacrer parmi votre liste de tâches à effectuer et choisir ce qui peut attendre. Ayez confiance dans le fait que vos proches ne vous aiment pas que pour ce que vous faites. Soyez rassurés sur le fait que vous puissiez commander un drive en revenant de l'entraînement de foot et manger des plats préparés parce que l'important est d'être ensemble, pas de préparer des petits plats instagrammables.

Quand l'ordre prend le dessus

Vous souvenir de ce qui est important, calmer le jeu et vous faire confiance : voilà une méthode qui vous conviendra sans doute. Personnellement, ça me correspond.
Et pourtant…
J'aimerais que mon mari charge le lave-vaisselle avant de laver les assiettes à la main.
J'aimerais que mon fils comprenne que se laver les mains *avant* d'aller aux toilettes est une perte de temps.
J'aimerais ne pas être agacée quand l'ordre des articles figurant sur ma liste de courses ne suit pas l'agencement des rayons du supermarché.
J'aimerais ne pas être aussi dépendante de cette logique d'ordre pour avoir des journées productives et réussies.
La vie est faite de nuances propres à chacun. Impossible de savoir si mon approche d'aujourd'hui fonctionnera un autre

jour. Je ne sais pas si demain mon enfant sera malade et devra rester à la maison, si une migraine me clouera au lit ou si des travaux sur la route me mettront dans tous mes états. L'ordre ne doit pas devenir une loi. Nous soumettre à un système peut faire de nous des machines, même si cela booste notre productivité.

Je sais, vous cherchez la meilleure manière de faire les choses. Je comprends également que si cette idée de bon ordre est attirante, elle peut aussi sembler agaçante.

Nous soumettre à un système peut faire de nous des machines, même si cela booste notre productivité.

Dites-moi juste quoi faire, Kendra, et je le ferai !

Vous n'avez pas besoin de moi pour savoir quoi faire : je vous donne la permission de vous faire confiance.

Vous savez mieux que moi ce que vous avez à faire parce que c'est *votre* vie.

Récapitulons

- Vous savez mieux que quiconque ce dont vous avez besoin.
- N'importe quelle tâche peut être effectuée dans le bon ordre : souvenez-vous de ce qui est important, calmez le jeu et faites-vous confiance.
- Même si l'ordre est appréciable, il ne fait pas tout.

Un petit pas

Si vous avez des choses à faire aujourd'hui, choisissez-en une et suivez ces trois étapes. Voyez comme le fait de suivre le bon ordre joue sur votre humeur et même sur votre efficacité.

Les jours où la productivité n'est pas votre premier objectif, quel est votre but ? Vous reposer. Parlons de la manière de planifier des moments de repos.

Principe n° 12

Programmez *des temps de repos*

Tous les mois environ, mon corps dit stop. C'est comme une grippe : douleurs articulaires, frissons, maux de tête, généralement des troubles intestinaux. Mais ce n'est pas la grippe. Ce que j'ai, c'est un corps fatigué qui n'en peut plus.

Avant d'avoir des enfants, je réussissais mieux à me reposer. J'avais simplement plus de temps. Je faisais la grasse matinée les week-ends, je pouvais suivre mon rythme naturel, et je n'avais pas un travail à horaires compliqués. Il m'était plus facile de me reposer, même si je n'avais pas idée à l'époque de l'importance que cela avait.

Et puis j'ai eu des enfants, et tout ce temps a fondu comme peau de chagrin.

Je ne vous apprends rien. Si vous avez des enfants, vous l'avez vécu. Ou bien vous avez peut-être un proche qui nécessite une attention constante, un emploi avec des horaires atypiques, vous êtes à la tête d'une entreprise que vous adorez mais dont vous devez vous occuper comme si c'était un nourrisson.

La plupart des gens ont d'immenses difficultés à trouver des moyens de se reposer.

Paradoxalement, les personnes qui rencontrent le plus ce type de problème sont celles qui ont le plus besoin de se reposer.

Pourquoi nous avons besoin de repos

Nous avons besoin de repos : cela paraît évident, n'est-ce pas ? Pourtant, on l'oublie facilement.

Si vous voulez vous dédier à ce qui vous tient à cœur, vous devez pouvoir y consacrer toute votre attention. Pour faire des choses, il faut de l'énergie. Les deux nécessitent du repos.

Vous savez que le sommeil permet de guérir les blessures, de réduire l'inflammation, d'offrir une pause au cœur et de réguler les hormones. Nous avons besoin de dormir pour fonctionner correctement. Je pense que vous ne me contredirez pas là-dessus.

Si vous voulez vous dédier à ce qui vous tient à cœur, vous devez pouvoir y consacrer toute votre attention. Pour faire des choses, il faut de l'énergie. Les deux nécessitent du repos.

Mais voici le souci : on ne pense pas que dormir et se reposer soient digne d'intérêt.

Vous avez trop à faire, des personnes dans votre entourage dont il faut s'occuper, des émissions à regarder, et ce même si vos paupières sont lourdes. Et puisque vous avez survécu jusqu'ici sur ce rythme, vous devriez pouvoir continuer. Certes, vous êtes fatiguée et d'humeur irritable, mais c'est gérable, non ?

Je le pensais également, jusqu'à ce que mon corps me lâche.

La vision idéale du repos

Pendant un temps, les moments où mon corps craquait sont devenus plus fréquents : tous les quinze jours. Puis, j'ai fait quelques crises de panique : je peinais à respirer et devais appeler quelqu'un à l'aide.

Je ne m'inquiétais que lorsque ces crises se produisaient. Je demandais à Kaz de rentrer plus tôt s'occuper des enfants, je me frottais de l'huile essentielle de pamplemousse sur le ventre, prenais un comprimé d'ibuprofène et m'effondrais pendant douze heures. Lors de mes crises de panique, je respirais profondément et ça allait presque mieux. Je prenais de temps en temps rendez-vous avec mon psy si je pensais en avoir besoin.

Au lieu de m'interroger sur les racines du problème, je ne m'occupais que des symptômes les plus immédiats. Si j'envisageais une solution sur le long terme, je tombais toujours dans l'excès :

Bon sang, j'ai besoin de vacances.

J'ai besoin de partir d'ici.

J'ai besoin d'un long moment de repos pour me détendre et délester de toutes mes responsabilités.

Alors j'allais acheter un livre sur les rituels du matin et je tapais « astuces pour dormir plus » sur Google. Je pensais que la solution à ces crises consistait à devenir une zélée du repos, à réunir autant de trucs et astuces que possible en attendant que mes grandes vacances arrivent.

Et vous ? Quand vous pensez « repos », que voyez-vous ? Une chambre vide qui ne vous appartient pas, un grand lit blanc, des rideaux soulevés par la brise ? La mer ou des montagnes ? Un week-end seule dans une cabane au fond des bois, ou une virée entre filles restau-shopping-grasse mat' ? Il y a tant de possibilités sympathiques, mais aucune n'inclut de patrons tyranniques ni de tout jeunes enfants. On imagine souvent le repos à grande échelle. On se dit que si l'on pouvait partir un moment, tout irait mieux. Tout ce qu'on souhaite, c'est faire une pause.

Ironie du sort, lorsque vous en avez la possibilité (quand vos enfants vont dormir chez leurs grands-parents, ou que vous êtes invitée à un week-end entre filles), vous vous mettez la pression de devoir vous reposer.

Profites-en ! L'occasion ne se représentera pas avant des lustres !

Et lorsque vous rentrez chez vous, la vie reprend son cours quasi à l'identique, même si vous vous en êtes échappée un instant.
Pourquoi ?
Vous ne savez pas vous reposer.
La frénésie quotidienne vous a rendue paresseuse vis-à-vis du repos. Vous survivez en faisant de votre mieux, en attendant désespérément de faire une pause qui semble ne jamais venir. Et ce « tout ou rien » ne vous satisfait pas. Si vous rêvez d'une journée à vous, le fait de n'avoir qu'une heure vous laisse frustrée. Si vous rêvez d'une semaine de vacances sous les tropiques, une nuit à l'hôtel dans votre propre ville se révèle décevante. Aucune forme de repos ne vous paraît suffisante, à tel point que c'est la vie dans son ensemble qui vous déçoit : vous vous dites que vous faites sûrement quelque chose de travers, que vous n'êtes pas à la hauteur.
Que la vie est compliquée !

Prendre soin de soi

Pour aborder correctement le repos, identifiez ce qui vous tient à cœur, faites-le, et envoyez valser le reste. Je trouve cet état d'esprit assez pertinent quand il s'agit de prendre soin de soi.
Le *self-care* est aussi tendance que les sacs banane et le rééquilibrage alimentaire. La dernière mode consiste à prendre du temps pour soi et à écouter ses propres besoins pour devenir une personne meilleure et en bonne santé. Masques pour le visage, manucures, course à pied… Les solutions se focalisent souvent sur le physique, voire le chouchoutage. Si je suis tout à fait pour l'idée de se chouchouter, ce n'est pas

toujours possible au quotidien et on ne traite pas ainsi les causes profondes d'un épuisement.

Prendre soin de soi devrait plutôt consister à faire ce qui nous permet de nous sentir nous-même, de nous rappeler qui nous sommes.

Identifiez ce qui vous permet de vous sentir vous-même

J'ai dit dans l'introduction que votre fatigue n'était pas due à un planning trop lourd, mais au fait que vous visiez trop la perfection. Certes, avoir un emploi du temps chargé n'aide pas. D'un autre côté, pendant plusieurs années je n'ai été occupée qu'à changer des couches et à gérer des bébés qui pleurent et pourtant je me sentais aussi épuisée que si j'avais travaillé à la bourse ou dirigé un service d'urgences.

Ce n'est pas forcément la nature de votre travail qui est à l'origine de votre stress, mais plutôt le fait d'essayer de rentrer dans un moule, d'être ce que vous *pensez* devoir être. Vous passez vos journées à vous activer, à gérer, à réfléchir – et au milieu de cette frénésie, vous oubliez qui vous êtes.

Ce dont vous avez besoin, c'est d'une activité qui vous rappelle qui vous êtes et qui vous permette de vous reposer en restant vous-même. Il y a d'innombrables manières de faire : ne vous mettez pas la pression de devoir trouver l'activité parfaite. La liste est longue, et c'est une bonne chose.

Quand vous sentez-vous le plus vivante ?

Qu'est-ce qui vous procure de la confiance et de l'assurance ?

Quelle activité pouvez-vous pratiquer pendant des heures sans effort et qui vous emplit de joie ?

Si vous parvenez à trouver plusieurs activités qui vous aident à vous sentir vous-même, qui vous permettent de vous rappeler qui vous êtes et de le rester, vous connaîtrez un sentiment de repos susceptible de changer littéralement votre vie.

Voici ma liste personnelle d'activités qui me donnent l'occasion de me sentir moi-même : pâtisser, écouter de la musique, marcher ou courir dans un environnement naturel, être avec des amis, rire, nourrir mes proches, observer ce qui m'entoure.

Les activités qui ne me donnent pas le sentiment d'être moi-même ? Le jardinage, les loisirs créatifs, le shopping, le ménage, et tout ce qui a rapport avec mes ongles.

Une fois que vous aurez dressé la liste de ce qui vous permet ou non d'être vous-même, vous serez plus à même de mettre en place des rythmes de repos trimestriel, hebdomadaire et quotidien, ainsi que des moments de repos spirituel.

Comme chacun est différent, nos approches ne seront pas identiques.

Abordons cela plus en détail.

Le repos trimestriel

Se lancer avec une journée de repos par semaine ou un moment chaque jour sera peut-être trop rapide, alors commençons par un repos trimestriel. J'adore le rythme des saisons, qui ont beaucoup à nous apprendre sur les cycles de la vie et la nécessité de marquer des pauses.

Dès à présent, sortez votre calendrier et fixez-vous un jour de repos pour cette saison. Si vous êtes courageuse, continuez et programmez-en un pour chaque trimestre afin de vous rappeler qui vous êtes, prendre plaisir à faire ce que vous aimez et percevoir combien vous êtes aimée. Fixez la date pour vous y tenir. Ne laissez pas la motivation faiblir.

Cette journée de repos trimestriel pourra consister en ce que vous voudrez. C'est l'avantage d'aborder le repos à sa façon : ne faites que ce qui *vous* tient à cœur.

Vous pouvez consacrer ce moment à réfléchir, courir, lire ou tout ce qui finit par « ir ». (Si on ne peut même pas faire des rimes, où allons-nous ?)

Prenez le temps de faire ce qui vous permet de vous sentir vous-même.

Commencez petit : vous programmer quatre jours de repos par an ne devrait pas être trop dur.

Quand il est difficile de prendre du temps pour soi

Si vous ne parvenez pas à prendre ne serait-ce que quatre jours dans l'année pour vous, c'est qu'il y a un problème plus profond.

- Est-ce que vous avez l'impression de ne pas les mériter ?
- Pensez-vous que trop de choses dépendent de vous ?
- Faites-vous passer les besoins d'autrui avant les vôtres ?

Dans les faits, vous savez que quatre jours par an, ce n'est pas beaucoup demander, mais vous êtes peut-être trop bookée pour réussir à les programmer.

Pourtant, vous en avez le droit. Vous avez le droit de demander du temps pour vous. Vous avez le droit d'accorder la priorité à votre corps et à votre esprit quatre journées dans l'année.

Le repos hebdomadaire

L'étape suivante : un temps de repos chaque semaine.
Faut-il vous réserver une journée entière ? Nope. Ce serait génial, mais il vaut mieux viser ce qui est le plus faisable. Regardez la liste des activités qui vous permettent de vous sentir vous-même et trouvez une ou deux choses qui pourraient s'intégrer dans un rythme hebdomadaire.
Demandez-vous éventuellement comment vous appuyer sur les jours de la semaine. Une pause le mercredi en milieu de semaine, ou bien un jour de repos le dimanche ? Est-ce l'activité elle-même qui est reposante, quel que soit le jour ? Vous adoreriez peut-être suivre un cours de Zumba. Vous pouvez choisir votre créneau selon votre emploi du temps. Identifiez tous ces critères.
Mes plages de repos personnelles dépendent plus du déroulé de ma semaine que d'un jour en particulier. Je marche ou je cours pour évacuer le stress trois fois par semaine, mais pas à date fixe ni à intervalle régulier. La semaine dernière, j'ai couru jeudi, vendredi et samedi, ce qui représente l'intervalle minimum possible logistiquement parlant. Pourtant, cela compte, et cela me profite. Je me sens davantage moi-même quand je peux évacuer mon stress, et c'est encore mieux si je peux courir en forêt.
Votre activité reposante hebdomadaire peut être aussi simple qu'aller flâner sur un marché de producteurs tous les samedis matins. Ou bien faire une longue promenade pendant que les petits sont à l'école, ou encore désherber après le dîner une ou deux fois par semaine.

Les petits pas comptent, et il n'est pas forcément compliqué de les inclure dans un emploi du temps. Commencez en choisissant une activité et pratiquez-la chaque semaine.

Le repos quotidien

L'une des choses que je préfère au monde, c'est la pâtisserie. Vous voulez me faire plaisir ? Donnez-moi un après-midi pour confectionner une tarte ou du pain et nourrir mes proches. Cela me détend physiquement, je me sens l'âme en paix, plus qu'en pratiquant toute autre activité.

Mais pourrais-je pâtisser tous les jours ? Vraiment pas. Cela prend du temps et, bien que j'en libère pour ce qui me tient à cœur, d'un point de vue pratique je ne peux pas m'y consacrer quotidiennement.

Ne consacrez pas forcément votre moment de détente à votre activité préférée.

C'est là que le bât blesse en matière de repos quotidien. Ne consacrez pas forcément votre moment de détente à votre activité préférée. Car si cette activité devient le but de votre (court) temps de pause, et surtout si vous avez du mal à vous dégager du temps chaque jour, vous serez frustrée et penserez que cette formule ne vous convient pas. Pourtant, ce répit *vous est nécessaire.*

Commencez petit.

Au lieu de confectionner une tarte tous les jours, je pourrais feuilleter un livre de cuisine et rêver de ma prochaine réalisation. Si vous adorez courir sur la plage mais que vous habitez à plusieurs heures de la mer, faites votre jogging en écoutant le bruit de l'océan (essayez avant de ricaner).

Ces petits moments de repos quotidiens délibérés sont bien plus efficaces que les week-ends mirifiques sans enfants ni responsabilités, parce qu'ils vous apprennent *comment* vous reposer.

Trouvez des manières simples de vous consacrer à une activité qui vous aide à vous sentir bien, même si ce n'est pas votre activité préférée. Il y a de petites choses que vous pouvez faire chaque jour, alors prévoyez de les faire, et cela aussi souvent que possible.

Le repos quotidien par le sommeil

Je ne vous dirai pas d'aller vous coucher plus tôt ou de brancher votre téléphone dans une autre pièce. Si cela fonctionne pour vous, c'est formidable, mais ce n'est pas notre sujet.

Servons-nous d'un autre principe de ma méthode et procédons dans l'ordre. Commencez toujours par ce qui vous importe vraiment. Besoin d'un rappel concernant l'importance du sommeil ? Au lieu de le considérer comme une pure perte de temps, voyez-le comme un moyen de recharger vos batteries.

Vous êtes importante, et votre sommeil également.

Des concessions sont-elles possibles ? Bien sûr.

Je suis une grande fan de sport, mais certains matchs à la télé se terminent après vingt-deux heures trente. Hum, c'est tard. Est-ce que ça mérite de sacrifier ce sentiment d'être moi-même ? Parfois, oui ; généralement, non. En identifiant ce qui compte vraiment pour moi (sommeil *versus* match), je choisis ce qui a le plus de sens à mes yeux.

Il n'y a toujours qu'une seule empreinte

Les efforts que je fais pour garder le contrôle sont liés à ma spiritualité. Au cas où vous partageriez ma foi chrétienne, j'aimerais vous faire part de mes sentiments à propos du poème « Des pas sur le sable ». Ça vous rappelle peut-être quelque chose ? Il a atteint des sommets de popularité vers 1995, qualifié de « meilleur texte imprimé sur des marque-pages ». L'autrice de ce poème décrit un rêve dans lequel elle compare sa vie à une marche sur la plage, avec Dieu à ses côtés. Lorsqu'elle est heureuse et sereine, on voit deux jeux d'empreintes, côte à côte. Mais durant les moments difficiles ou tristes de sa vie, seule une trace de pas est visible. Quand elle demande à Dieu pourquoi il l'a abandonnée au moment où sa vie était le plus pénible, il lui répond qu'il ne l'a jamais quittée : il la portait. Ce sont ses empreintes à lui. Les dernières lignes sont un vrai retournement de situation façon film de M. Night Shymalan.

J'avoue que la lecture de ce poème, alors que j'étais une jeune ado peu portée sur la spiritualité, m'en a bouché un coin. Quel effet ! Dieu me porte dans les moments difficiles ? Quel dieu gentil et aimant !

Mais est-ce qu'il ne serait pas préférable d'avoir le plus souvent possible deux lignes de pas ? Dieu m'aimerait sans doute davantage si je n'avais pas autant besoin de lui.

Pendant la majeure partie de ma vie, tel a été mon objectif. Avoir besoin de Dieu était acceptable dans les moments vraiment durs, mais je faisais tout mon possible pour m'en sortir toute seule.

Je me suis montrée particulièrement douée pour cela[43].

Mais j'ai raté le cours de catéchisme expliquant que tous ces efforts ne faisaient pas de moi une sainte. Ils ne rendent pas Jésus plus fier, et ne font pas de moi une meilleure chrétienne.

Ils ne font que m'épuiser.

43. En terminale, j'ai été élue « Fille sur laquelle on peut le plus compter ». Vous parlez d'un truc sexy.

On ne compte que sur soi jusqu'à n'en plus pouvoir, et ensuite on supplie Jésus ou on rêve de vacances à la mer.
L'épuisement vous gagne corps et âme, et vous vous retrouvez KO.
La vérité est qu'on n'a jamais terminé d'avoir besoin de lui.
Et qu'il ne se fatiguera jamais de ce besoin.
Il n'y a toujours qu'une seule empreinte de pas dans le sable.

N'oubliez pas en outre que votre choix d'aujourd'hui n'a pas forcément à être celui que vous ferez demain.
Pour comprendre la valeur du sommeil, il peut être utile de le considérer sous cet angle : je peux aller me coucher en sachant que viendra un lendemain dont je pourrai faire ce que je désire.
C'est sans doute simpliste, mais cela fait la différence. Je ressens moins la pression de devoir tout achever ce soir, parce qu'un autre jour se profile. Le sommeil n'est pas une chose à laquelle je finis par succomber parce que mon corps me dit : « Kendra, allez, ferme les yeux ! » C'est un processus lent et délibéré, et cela me profite bien plus lorsque je le considère comme un interrupteur que je choisis d'éteindre.
Ce jour est terminé. Demain arrive. Il est temps d'aller dormir.

Le repos de l'âme

Pour Emily P. Freeman, le repos de l'âme consiste à « s'asseoir intérieurement* ». J'aime cette métaphore car je vois parfaitement ce que cela fait d'être debout, de courir partout, ou d'avoir envie de se cacher dans un coin.

La vie intérieure exerce une grande influence sur le bien-être physique. Si vous n'accordez pas à votre âme la possibilité de se reposer, votre corps en pâtit fortement. Cessez de porter des fardeaux qui ne vous sont pas destinés. Tant que vous serez accablée intérieurement, le repos physique sera vain. Pour ma part, je trouve le repos intérieur en ayant foi en mon identité véritable. Je crois que j'ai été créée dans un but précis, que mon caractère est un don que j'ai reçu, que j'ai de la valeur pour ce que je suis et non pour ce que je fais. Alors, je réussis mieux à m'asseoir intérieurement. Je peux tendre vers la connexion plutôt que vers la protection.
Je peux être moi-même et laisser tomber ce qui n'importe pas ; la plupart du temps cela consiste à cesser de vouloir tout faire toute seule. Quand j'essaie de tout gérer, je ne suis pas en position de recevoir de l'aide et de laisser entrer les gens dans ma vie. Mon esprit n'est pas disposé à prêter attention à ce que les saisons ont à m'apprendre. J'oublie de commencer petit. Je fais les choses dans le mauvais ordre en accordant la priorité à la productivité.
Le repos de l'âme et l'assise intérieure sont des formes de lâcher-prise. Vous n'avez pas à tout gérer. Vous pouvez vous appuyer sur autrui ou sur une force supérieure.
Si vous troquez votre besoin de repos pour une chose qui ne vous tient pas à cœur, dites-vous qu'il est temps de lâcher prise.
Le repos fait partie de nous.
Respectez-le.
Programmez des moments de repos.
Honorez-les.
Ne vous épuisez pas au point de vous retrouver, le soir, émotionnellement vidée. Trouvez des moments de repos

quotidiens, hebdomadaires, saisonniers, ainsi que spirituels, et ressentez la personne que vous êtes dans toute sa plénitude.

Récapitulons

- Prendre soin de soi, c'est moins se chouchouter que se recentrer et faire ce qui permet de se sentir soi-même.
- Le repos ne vient pas de lui-même, il faut le programmer.
- Identifiez ce qui vous emplit d'un sentiment de plénitude, et trouvez le moyen de faire cette activité chaque saison, chaque semaine et chaque jour.
- Cessez de porter les fardeaux qui ne vous sont pas destinés. Au lieu de cela, asseyez-vous intérieurement.

Un petit pas

Programmez un jour pour vous au cours des trois prochains mois. Juste une journée.

Vous n'êtes pas tenue de tout faire, mais vous allez essayer probablement. Et, comme moi, il est probable que ce soit un échec. Si vous êtes plus habituée à vous reprocher vos erreurs qu'à faire preuve de bienveillance envers vous-même, le principe qui suit, le dernier, viendra clore ce livre de la meilleure façon.

Principe n° 13

Soyez gentille *avec vous-même*

L'autre soir, j'ai vécu un moment difficile. J'étais à fleur de peau, mes hormones étaient en ébullition et ma fille de trois ans, cette petit têtue, m'en faisait voir de toutes les couleurs. Après une grosse heure de négociations ponctuées d'une bonne dose de cris regrettables (comprenez : je l'ai mise au lit), je me suis effondrée dans mon fauteuil taché de crayon-feutre et de gâteau et ai dit en pleurant à mon mari : « Je suis vraiment une mère horrible. »

Il n'a pas répondu.

Il ne m'avait peut-être pas entendu ? [sniff, sniff]

Silence.

La moutarde m'est montée au nez. Comment osait-il détecter la manipulation émotionnelle à laquelle je le soumettais et refuser de me dire ce que je voulais entendre ? Comment pouvait-il rester de marbre quand je lui ouvrais si sincèrement mon cœur, sans se précipiter pour me consoler ? Je le lui ai fait remarquer. Fâchée.

Quelques minutes plus tard, quand j'ai eu séché mes larmes et que je me suis souvenue que j'étais une adulte capable de s'excuser et de s'expliquer, je lui ai demandé pourquoi il n'avait pas répondu. « Parce que si je t'avais répondu que tu étais une bonne mère, tu me l'aurais renvoyé à la figure. »

Oh. OK.

Il avait entièrement raison.

Si Kaz avait dit : « Ma chérie, tu es une très bonne mère », j'aurais certainement roulé des yeux ou rejeté d'un haussement d'épaules la réponse que j'attendais mais que je ne savais pas comment accueillir.

Je me fixais des critères d'exigence très élevés en tant que mère. Et, indirectement, je demandais à mon mari d'être très doué pour lire dans les pensées, puis je me mettais dans une position telle que j'étais incapable de recevoir ses témoignages de gentillesse.

Pourquoi ? Parce qu'à ce moment, j'avais le sentiment d'être une très mauvaise mère. Vraiment.

Avais-je envie que Kaz remédie à cela ? Oui, mais il avait raison : je n'aurais pas tenu compte de ses paroles. Je rejette très souvent ce qu'on me dit parce que je ne suis pas préparée à le croire. Si on ne fait pas preuve d'affection, de souplesse et de bienveillance envers nous-même, la fatigue ne nous quitte pas. On continue de porter les fardeaux qui ne nous étaient pas destinés et on creuse des trous qui ne mènent nulle part. On gaspille son énergie à essayer d'atteindre une ligne d'arrivée qui ne cesse de reculer, en ne laissant aucune place à la satisfaction et à l'acceptation de soi et de la situation.

Si on ne fait pas preuve d'affection, de souplesse et de bienveillance envers nous-même, la fatigue ne nous quitte pas.

Petit bonus supplémentaire : quand on ne s'aime pas soi-même, on a beaucoup de mal à recevoir l'amour des autres.

La règle d'or

Identifier ce qui est important et ce qu'on a envie de zapper paraît bien plus facile quand il est question de corvées et d'emplois du temps que lorsqu'il est question de soi. La règle dit de traiter les gens comme on voudrait qu'ils nous traitent, mais je n'ai pas l'impression que vous vous traitiez très bien. Difficile de respecter la règle si le postulat de départ ne se vérifie pas toujours.

Voyons de quelle façon vous vous traitez. Comment décririez-vous la relation que vous entretenez avec vous-même ? Êtes-vous ennemies ? Rivales ? Êtes-vous votre propre bourreau ?
J'imagine que vous vous placez la barre assez haut et que vous rêvez d'être une version parfaite de vous-même. Tant que vous n'atteignez pas cet idéal, soit vous vous évertuez à le devenir avec beaucoup de zèle, en vous fixant des objectifs inaccessibles, soit vous sombrez dans la paresse, en considérant toute évolution comme inutile, avant d'abandonner totalement.
Rappelez-vous : souvent, soit on redouble d'efforts, soit on renonce.
Abordons cette situation d'une autre manière.
Vous avez sans doute entendu sur quelque podcast féminin qu'il faut se traiter soi-même comme on traiterait une amie. Allons plus loin. Notre règle d'or : « Vous êtes votre propre amie. »
Vous n'êtes pas un projet en cours. Vous n'êtes pas un problème qu'il faut régler, une matière à sculpter, une situation à gérer quotidiennement. Vous êtes une personne précieuse telle que vous êtes, là, maintenant, et cette personne mérite votre bienveillance parce qu'elle est votre amie.

Mollo sur le « potentiel »

Lorsque vous regardez une amie, la considérez-vous en fonction de son potentiel (ce qu'elle pourrait être) et la jugez-vous par rapport à ce qu'elle n'est pas ? Bien sûr que non. Ce serait cruel.
Pourtant, vous le faites pour vous. Vous vous appréciez souvent à l'aune de ce que vous pourriez être et vous vous

évaluez en fonction de votre potentiel, au lieu de porter sur vous un regard bienveillant et aimant.

Je vous préviens, le potentiel vous mangera toute crue !

La version idéale de vous est la carotte de votre vie : elle vous laisse en permanence insatisfaite de qui vous êtes actuellement. Votre apparence, votre manière de faire, de vous habiller ou de cuisiner. Vous n'êtes pas une bonne mère, une bonne amante, une bonne pâtissière. Alors vous vous évertuez à essayer de devenir cette personne imaginaire qui saurait tout faire, en vous reprochant en votre for intérieur d'être comme vous êtes aujourd'hui et de ne pas progresser plus vite. C'est pour cela que les habitudes et les objectifs peuvent être si lourds. Nous nous servons de routines quotidiennes pour essayer de nous améliorer ou d'atteindre un potentiel auquel nous aspirons. Attention, je ne dis pas qu'il ne faut pas essayer d'évoluer. Mais si vous visez un idéal arbitraire sans faire preuve de bienveillance envers la personne que vous êtes actuellement (la personne que vous êtes a toute sa valeur : elle n'est pas l'ombre de ce que vous essayez de devenir), cet idéal ne sera qu'une idole qui vous abandonnera sans cesse.

J'en suis intimement convaincue : le fait de mettre mes principes en application, même ceux qui revêtent une dimension purement pratique, permet de vous habituer à vous considérer avec davantage de bienveillance lorsque vous vous reposez, que vous réfléchissez ou que vous avancez vers une version plus sincère de ce que vous êtes déjà et vers ce qui vous tient à cœur.

Arrêtons-nous un moment pour apprendre à tenir en estime la personne que nous sommes, réfléchir à qui nous souhaitons devenir et ne jamais cesser de nous célébrer. Voici comment faire.

Étape 1 : ayez de l'estime pour la personne que vous êtes

Pour vous considérer à votre juste valeur, commencez par de petites attentions bienveillantes quotidiennes. Faites quelque chose pour vous-même : offrez du plaisir à la personne que vous êtes *aujourd'hui.*

Attention à ne pas tomber dans l'excès de zèle. Ces petites preuves de gentillesse envers vous-même ne consistent pas à faire chaque jour des pompes alors que cela ne vous a jamais intéressée, à tenir un journal alors que ça ne vous a jamais épanouie, à faire le ménage tous les jours parce que vous devriez davantage vous y consacrer. Je ne vous parle pas d'habitudes pour évoluer, mais de preuves quotidiennes de gentillesse.

Pensez à ce que vous faites pour une amie que vous aimez. Vous passez à l'improviste prendre un café, comme ça. Vous lui envoyez un message sans raison juste pour lui dire que vous l'aimez. Vous lui proposez d'emmener ses enfants en courses pour qu'elle puisse avoir une heure pour elle. Aucune de ces actions n'a pour but de faire d'elle une meilleure personne ni de révéler tout son potentiel. Ce sont des preuves de gentillesse que vous lui adressez simplement parce que vous l'appréciez.

Vous pouvez faire pareil pour vous-même.

Je comprends que vous trouviez ça bizarre. Je ne dis pas qu'il faut se regarder dans le miroir en prononçant : « Je t'aime », mais ce serait pourtant mieux que de se regarder et de se dire : « Allez, reprends-toi » – chose que je n'ai pas manqué de faire.

L'objectif de ces intentions quotidiennes n'est pas de flatter votre orgueil. Il est de vous aider à vous rappeler que quelque chose de supérieur vous habite, vous entoure et se réjouit de vous voir exister telle que vous êtes.
Faites preuve de bienveillance envers vous-même, comme vous le feriez pour une amie. Adoptez l'habitude de vous adresser à vous-même chaque jour, avec compassion et enthousiasme. Prenez le temps de vous asseoir, de respirer l'air frais du matin, de lire un roman, de faire une sieste, d'accepter la proposition d'une amie d'apporter le dîner. Regardez dans le miroir et souriez à la personne que vous voyez. Vous n'êtes pas un essai inachevé ; vous êtes une âme sacrée.
Aimez la personne que vous êtes aujourd'hui. Vous le méritez.

Étape 2 : réfléchissez à ce que vous devenez

L'auteur James Clear explique : « Si vous voulez améliorer vos résultats, ne fixez pas d'objectifs. Concentrez-vous plutôt sur votre démarche*. »
Voilà une révélation amusante. Oublier les objectifs ? Le rêve !
Devinez quoi ? Le livre que vous tenez entre les mains en ce moment même vous enseigne *comment bâtir une démarche,* comment établir une structure et un rythme autour de ce qui vous tient à cœur. En commençant par là plutôt que par l'objectif, cette photo « après » de vous-même, vous serez sur la bonne voie pour découvrir et apprécier la personne que vous êtes, sans vous laisser obnubiler par l'idée d'évoluer et de vous améliorer.

Lorsque vous créerez cette démarche autour de ce qui vous tient à cœur, ne vous focalisez pas trop sur son issue. Pensez plutôt à la manière dont vous pourriez continuer d'œuvrer à votre bien-être, votre confiance en vous et votre sérénité. Soyez ouverte aux changements. Vous ne pouvez pas à quarante ans être la même qu'à vingt. Par exemple, il serait vain d'essayer d'être plus mince que je ne l'ai jamais été, surtout quand je repense à la période durant laquelle j'étais plus menue, à l'âge de dix-neuf ans, lorsque je souffrais de troubles alimentaires et n'ingérais que huit cents calories par jour. Il est vraiment ridicule que je m'agace encore de ne plus avoir cette silhouette-là.

Vingt ans et trois bébés sont passés par là.

Et moi, j'ai la nostalgie d'un « idéal » passé, au lieu de me tourner avec bienveillance vers l'avenir et de me demander quelle personne je suis en train de devenir.

Prenez conscience de votre parcours : où en étiez-vous il y a un an et où en êtes-vous aujourd'hui ? Le but n'est pas d'établir des comparaisons pour décrocher des médailles ou obtenir des validations inutiles.

Dans mon cas, par exemple, je peux me réjouir qu'avec ce troisième bébé je ressente davantage d'assurance en tant que mère (même si je suis fatiguée et encore un peu embêtée par les couches et les nuits hachées). Une mère dont le physique est bien différent de celui de ses rêves, notamment à la saison des maillots de bain, mais qui s'en soucie ?

Je suis tout à fait en faveur de mettre en avant le corps des mères et le miracle qu'il accomplit en mettant au monde de petits êtres humains, mais là n'est même pas le sujet. Il faut cesser de se concentrer sur notre apparence et nous intéresser plutôt à ce que nous ressentons. Maintenant que j'ai dit ça, vous avez sans doute envie de me jeter ce livre à la figure, mais quand je pense à l'obsession qui m'a habitée, à la quantité d'énergie que j'ai dépensée à me reprocher de ne pas ressembler à une championne de CrossFit alors que je ne pratique aucune activité qui se rapproche de près ou de loin à ce sport, je dois réapprendre à me montrer bienveillante envers moi-même.

J'ai des défauts bizarres qui me poussent à me comparer aux autres. Je me suis fixé des critères inatteignables et me suis reproché de ne pas m'y conformer. Je me suis lynchée de ne pas y parvenir. J'en veux pour preuve les passages angoissés rédigés dans mon journal et les programmes d'activité physique irréalistes que je me suis fixés en nombre.

Paradoxalement, je me suis moins souciée de noter mes évolutions en matière d'épanouissement, mes trouvailles pour garder mon calme quand je parle à mes enfants, mes progrès en pâtisserie, le fait que j'aie gagné en confiance par rapport à il y a dix ans.

S'interroger ainsi avec compassion sur la personne que l'on devient est un témoignage de bienveillance, et je suis encore en train d'apprendre dans ce domaine.

Notez ces signes d'évolution et appréciez-les.

Nous sommes gentils avec nos amis. Nous les encourageons et les poussons à réaliser leurs rêves. Nous les soutenons dans les moments difficiles, sans constamment leur dire d'améliorer leur vie. Nous les embrassons, leur apportons un café et leur disons que nous les aimons. Je parie que vous n'avez pas beaucoup de paroles ou de gestes aussi gentils à votre attention, si ce n'est aucun. Et il est certain que vous ne marquez pas vos réussites comme vous le faites pour celles des autres.

Soyez gentille avec vous-même : à travers vos paroles et en notant vos progrès, avec bienveillance quand ils sont lents.

Six manières de pratiquer l'auto-sympathie

- Tenez un journal et notez dedans comment vous vous sentez, pourquoi pas aussi durant vos jours de repos saisonniers.
- Allez vous promener et remerciez-vous d'être la personne que vous êtes.
- Regardez-vous dans un miroir et souriez à votre reflet, sans jugement.
- Autorisez-vous à vous affirmer même sans raison apparente.
- Cessez de porter les vêtements qui ne vous vont pas ou dans lesquels vous ne vous sentez pas à l'aise.
- Arrêtez de critiquer le moindre de vos choix et son effet sur votre moi idéal.

Étape 3 : célébrez vos accomplissements

Mon amie Francie, mariée et mère de deux filles scolarisées en primaire, a repris des études d'infirmière une fois adulte, et ça a été difficile. Je vous en parle d'un point de vue extérieur, n'ayant pas moi-même eu à gérer les devoirs tard le soir, à organiser les sorties d'école des enfants chaque jour, à chercher des baby-sitters quand aucun des deux parents ne pouvait rentrer à temps, et dans l'ensemble trimé durant toute une période. Quand Francie a reçu son diplôme d'infirmière, elle l'a fêté en invitant une quarantaine d'amis sur une aire de pique-nique dans un parc voisin, où nous avons fait un barbecue, dégusté des gâteaux et chaleureusement félicité notre amie. Je suis tout émue quand je repense au caractère sacré de ce grand jour.

Participer à la célébration de cette immense aventure que mon amie a entreprise a été un vrai cadeau.

Elle et sa famille auraient pu ne pas marquer l'événement, trinquer simplement autour de la table au dîner et commander une pizza. Au lieu de ça, sachant que la route a été dure mais belle, ils ont absolument tenu à la célébrer avec les gens qu'ils aiment. C'est à la fois si simple et si profond. Laisser les gens entrer dans votre vie et célébrer avec eux, autant leurs réussites et que les vôtres, est une manière particulièrement plaisante de faire preuve de bienveillance envers vous-même. Inutile de jouer les extravertis pour cela, d'ailleurs. Grande, petite, presque insignifiante… la taille de la fête et même ce que vous fêtez sont sans importance.

L'important est de célébrer.

Comment célébrer quelque chose aujourd'hui

J'adore organiser des fêtes.

J'ai créé des quiz *Hunger Games,* une fête costumée sur le thème du *Magicien d'Oz,* un concours de carrot cake. En ce moment, je prépare une olympiade de jeux de société.

Personne ne le sait, mais je le fais simplement pour célébrer la *vie.* C'est mon mode de célébration, ma forme personnelle d'auto-sympathie, ma manière d'inviter des gens et de les gaver de gâteaux jusqu'à plus faim.

Vous pensez peut-être que célébrer ne fait pas partie de ce programme alliant astuce et lâcher-prise ? Eh bien, vous avez tort. Il s'agit de faire de la place pour ce qui importe : se réunir, rire et s'épanouir.

Fêter les grands moments, avec vous-même et d'autres personnes, permet de souligner ce qui importe. Donnez-vous la permission de planter des drapeaux dans le sable. De vous créer des souvenirs qui vous motiveront dans les moments difficiles et qui, avec le recul, vous donneront des occasions de rire.

Annoncez publiquement que ce qui est important à vos yeux mérite d'être célébré. C'est une immense preuve de gentillesse que vous vous adressez à vous-même.

Par conséquent, là maintenant, je veux que vous célébriez quelque chose.

Aujourd'hui.

Je ne dis pas que vous devez organiser une fête de tous les diables d'ici trois heures, mais vous pouvez vous accorder un témoignage de gentillesse en honorant quelque chose.

Du point de vue pratique, il y a trois décisions à prendre : que célébrer, comment et avec qui.

Que célébrer

Imaginons que depuis des semaines vous travaillez d'arrache-pied sur un projet, même si les résultats ne sont pas encore au rendez-vous. Imaginons que vous êtes mère au foyer et que vous êtes plus satisfaite qu'il y a quelques mois. Ou encore que vous avez écrit un article qui a été publié sur Internet, mais que cela semble trop insignifiant pour compter vraiment.

Célébrez tout ce que vous considérez important : que ce soit concret ou non, où que vous en soyez dans votre parcours.

Offrez-vous un petit cadeau

Si vous avez connu étant petite un tant soit peu de contraintes financières ou que vos parents dépensaient peu, l'idée de vous acheter quelque chose vous semblera peut-être ridicule. C'est la voix que j'entends parfois dans ma tête : « Je ne vais quand même pas m'offrir quelque chose chaque fois que je ne crie pas sur mes enfants ! Vous voulez que je m'endette pour fêter des choses idiotes ? » Non, Kendra, bien sûr que non, désolée de t'avoir fâchée.

Vous offrir quelque chose peut être un témoignage d'auto-sympathie.

Ce cadeau sera comme une preuve, un rappel que vous avez réussi à acquérir cette compétence que vous n'auriez pas cru pouvoir apprendre. Lorsque vous enfilerez ces chaussures, mettrez ces boucles d'oreilles ou ferez ce soin du visage, vous vous souviendrez de la satisfaction que vous avez éprouvée en atteignant vos objectifs de vente, en achevant cette proposition de livre, en organisant cette collecte de vêtements.

Vous avez le droit de vous offrir un cadeau, surtout s'il sert à vous rappeler qui vous êtes et ce qui vous rend vivante. Vous êtes adulte : vous êtes en mesure de juger de ce qui est raisonnable, même s'il est probable que vous ne vous montriez pas très généreuse envers vous-même.

Faites-vous un petit cadeau de temps en temps. C'est une manière de vous témoigner de la gentillesse.

Comment célébrer

La solution de facilité, notamment pour les novices dans ce domaine, consiste à s'adresser seulement quelques encouragements dans sa tête, avant de passer à autre chose. C'est mieux que rien, mais aujourd'hui nous allons passer au stade supérieur.

Célébrez les choses importantes pour vous en improvisant un dîner entre amis, en passant un coup de téléphone, en vous offrant un ustensile de cuisine qui vous faisait de l'œil mais que vous ne pensiez pas mériter ou encore en invitant une amie à regarder quelques épisodes de votre série préférée tout en dégustant des glaces.

Célébrez en faisant part à quelqu'un de votre fierté d'avoir accompli quelque chose. Vous avez le droit de vous soucier de ce qui vous tient à cœur, alors faites preuve de gentillesse envers vous-même en soulignant ce moment et son importance dans votre vie.

Avec qui célébrer

Maintenant, le dernier élément essentiel à toute célébration : les personnes que l'on souhaite convier.

À moins d'aimer vivre en ermite, c'est la partie qu'on préfère. Oubliez la gêne que peut susciter le fait de se dévoiler : invitez vos proches pour fêter ce que vous voulez. Cela en vaut la peine.

Le meilleur côté de la célébration, c'est l'impossibilité de se cacher. Vous *devez* célébrer : vous verrez alors combien c'est réjouissant.

Mon seul conseil : entourez-vous de personnes sûres. Si vous pensez qu'untel risque de vous juger, alors ce n'est pas la meilleure personne à inviter. Si vous êtes déjà tremblante à l'idée d'organiser autre chose que votre anniversaire, choisissez des personnes fiables, ouvertes à l'idée de fêter n'importe quoi avec vous parce qu'elles vous *aiment*.

Célébrer n'est pas une corvée

Je rédige cette partie du livre le jour même où je remets le manuscrit final. L'écriture de cet ouvrage a été une longue entreprise, souvent difficile, et j'y ai travaillé plus que sur tout autre projet que j'ai eu à réaliser.

Tant de gens formidables m'ont encouragée, en m'envoyant des GIF, des messages, des fleurs, du café, ou en étant juste présents. Michael et Hannah font partie de ces amis. Ils ont tenu à fêter chacune des étapes de ce livre avec moi et ma famille, même celles que j'aurais oubliées sans faire exprès. Nous avons partagé des repas, des gâteaux et des embrassades. Ils m'ont appris la beauté qu'il y a à fêter tous ces moments.

Par conséquent, ce soir nous allons acheter grec à emporter et sans doute finir par des glaces. C'est peu de choses mais c'est une manière puissante de marquer mon accomplissement, cette ligne d'arrivée que j'ai franchie.

Pour être honnête, j'ai souvent eu l'impression d'être un fardeau pour mes proches. Se soucient-ils de moi au point d'accorder autant d'attention à quelque chose que j'aurais simplement laissé passer ? Apparemment oui, et cela m'a transformée.

Hier, Hannah m'a dit : « Nous ne nous lasserons jamais de te mettre à l'honneur. »

C'est le genre d'amie que je veux être.

Certes, il est facile de s'auto-féliciter trois secondes dans sa tête, mais vous avez tout à gagner à célébrer davantage, comme je l'ai fait, pour voir combien vous appréciez et même combien vous avez besoin d'inclure des moments festifs dans votre vie.

Marquer les moments importants me fait du bien psychologiquement. Célébrer mon travail et ce qui me tient à cœur est une manière de faire preuve de gentillesse envers moi-même – une habitude à laquelle je travaille encore. Cerise sur le gâteau : c'est amusant ! Je veux dire par là que je suis tout à fait pour les séances de psy – je les défends corps et âme –, mais même si elles changent la vie, ce n'est quand même pas aussi drôle que faire la fête.

Ne ratez pas cette manière simple et plaisante d'être gentille avec vous-même ou l'occasion d'offrir la pareille à vos proches.

Célébrer n'est pas une corvée, parce que vous n'êtes pas un fardeau.

De la gentillesse, encore et toujours.

Récapitulons

- Vous êtes votre propre amie. Vous méritez de recevoir des preuves de gentillesse, notamment de vous-même.
- Ayez de l'estime pour la personne que vous êtes actuellement et acceptez-vous sans vous comparer à votre version passée ni future.
- Demandez-vous de quelle façon vous devenez davantage vous-même.
- Célébrez un accomplissement qui vous tient à cœur, dès aujourd'hui.

Un petit pas

Envoyez un message à une amie pour lui faire part d'une petite victoire. Par exemple : « Oui, c'est peut-être ridicule, mais je suis allée faire les courses avec les trois enfants et je n'ai pas crié une seule fois ni acheté de choses pour les calmer. Je me sens vraiment fière de moi. Je voulais juste le dire. Merci d'être le genre d'amie avec qui je peux célébrer ces petites choses. »

Maintenant que nous avons abordé l'ensemble de mes treize principes, réunissons-les pour les appliquer concrètement au quotidien.

Activer le pouvoir de la flemme au quotidien

J'ai dit plus haut que vous n'aviez pas besoin d'une nouvelle to-do list, mais d'une approche différente. Maintenant que vous disposez de ces treize principes, comme autant de lames d'un couteau suisse, vous êtes en mesure, quelle que soit la situation qui se présente, de vous consacrer à ce qui vous tient à cœur et d'envoyer valser le reste.
Voyons comment procéder.

Commencez toujours par ce qui est important

Vous ne pouvez rien faire si vous ne savez pas ce qui est important pour vous. Mais comment savoir ?
Deux possibilités : la réflexion globale et la pleine conscience.

La réflexion globale

Asseyez-vous, prenez une feuille de papier et faites deux colonnes : « Au taquet » et « En mode flemme ». Notez les différents domaines de votre vie dans la colonne appropriée.

La colonne « Au taquet » regroupera tout ce qui vous rend heureuse, ce que vous souhaitez cultiver et les choses pour lesquelles vous avez envie de vous libérer du temps, ce qui vous permet de vous sentir vous-même, ou qui est très important pour votre famille.
La colonne « En mode flemme » recensera tout ce qui vous vide, ce que vous repoussez sans cesse, ce à quoi vous rêvez d'échapper.
Qu'est-ce qui vous réjouit et qu'est-ce qui vous sape le moral ? Notez tout cela. Identifiez ces points.
La colonne « Au taquet » vous offre un aperçu de ce qui vous importe, les choses auxquelles vous pouvez offrir de l'espace pour les privilégier.
Mais ce n'est pas la seule manière de procéder.

La pleine conscience

Si dresser la liste de tout ce que vous avez en tête, ce qui se trouve sur votre planning et dans votre maison vous semble insurmontable, commencez petit, grâce à la pleine conscience.
Identifiez un moment de la journée, une tâche ou un projet à venir que vous aimeriez aborder avec le pouvoir de la flemme. Inutile de noter tout ce qui vous tient à cœur dans chaque domaine : consignez seulement ce point.
Vous pouvez aussi repérer les moments où vous vous sentez frustrée, en retrait ou fâchée. Quelque chose a déclenché cette réaction négative ? S'est-il produit une chose en regard de laquelle vous pourriez appliquer nos principes ?
Identifiez ce qui vous importe, une situation à la fois.

Quand les choses importantes sont liées

Sur ma liste « Au taquet » figurent : avoir un intérieur rangé, cuisiner pour mes proches, me connecter avec mon entourage, avoir une maison où chacun se sente à l'aise, écouter de la musique, rire, gérer mon stress, célébrer et soutenir mes amis, garder en vie mes plantes, et James McAvoy (je ne peux pas faire grand-chose sur ce dernier point).

Je peux chercher des solutions spécifiques pour les points listés ci-dessus, ou bien repérer ceux qui sont interconnectés. Un bon nombre d'éléments de ma liste concernent ma maison et ce qu'on y ressent. Musique, nourriture, confort, connexion… Apparemment, l'ambiance m'importe. Mais ce n'est pas juste une atmosphère. Pour moi, tout est lié aux personnes.

Si je considère ma liste comme un ensemble cohérent, je peux résumer une bonne partie de ce qui m'importe avec cette valeur : je souhaite faire de ma maison un lieu accueillant pour toute personne qui y entre.

Je consacre beaucoup d'efforts dans ce but et passe plus rapidement sur ce qui me préoccupe moins. Voici comment je fais preuve d'astuce vis-à-vis de ce qui compte :

- Je passe du temps à chercher des recettes réconfortantes autant pour le corps que pour l'âme, et à apprendre à les réaliser.
- Je veille autant que possible à garder un intérieur rangé.
- Je me suis offert de bonnes enceintes pour pouvoir d'un simple clic emplir la maison de musique.
- Je réfléchis à ce que je fais entrer dans ma maison pour avoir un espace confortable sans devoir faire rentrer davantage de désordre dans des caisses et autres paniers.

- J'achète des plantes et des bougies parce qu'elles rendent la pièce plus accueillante.
- J'invite des gens aussi souvent que possible. J'ouvre ma porte quel que soit l'état de la maison et je ne m'en excuse pas.

Je vois d'autres choses sur ma liste, comme rire et nouer des relations profondes avec mes amis et ma famille, qui paraissent liées : j'ai envie que les gens se sentent bien, non seulement chez moi, mais aussi au sein de notre relation, afin qu'ils puissent s'ouvrir à moi en toute sécurité. Et cela peut se produire en discutant avec un ami de confiance, en échangeant des messages Instagram avec un inconnu, ou ici même à travers les pages de ce livre.

En identifiant ce qui me tient à cœur et la manière dont ces valeurs sont liées, j'ai pu concevoir une philosophie de vie qui affecte toutes les décisions que je prends : je désire que les gens se sentent à l'aise et en sécurité avec moi.

Je ne suis évidemment pas la seule à le souhaiter, mais, pour ma part, c'est ce que je veux *le plus.*

Maintenant, je dispose d'un filtre me permettant de trier ce que je souhaite et ce que j'ai envie d'écarter, et de savoir comment mieux procéder.

Plutôt que de chercher à tout prix à vouloir tout faire, je suis en mesure de me battre pour les choses qui sont importantes pour moi et de n'accorder que peu d'attention au reste.

Identifier ce qui importe change tout.

Étude de cas : le déménagement

Mon amie Bri est mariée à un militaire. Elle déménage tous les trois ans avec son mari Jeremy et leur chien. Ça fait beaucoup, et on sait que les déménagements représentent souvent un stress. Comment Bri pourrait-elle aborder ces changements avec ma méthode ? Passons en revue nos treize principes.

Décider une fois pour toutes

Qu'est-ce que Bri pourrait décider une fois pour toutes ? Elle pourrait garder la même organisation pour chaque déménagement : la première semaine pour déballer les cartons, la deuxième pour s'installer, la troisième pour explorer les alentours. Le même schéma à chaque fois, dans chaque ville. Ainsi, elle peut se consacrer à ce qui est primordial sur le moment (s'installer) et garder pour plus tard ce qui ne sera important qu'après (se familiariser avec sa nouvelle ville).

Commencer petit

Déménager n'est pas simple et on perd facilement ses moyens devant l'ampleur de la tâche. Au lieu de rester paralysés de stress devant la montagne de cartons, Bri et son mari peuvent débuter par un premier carton. Une seule pièce. Une heure à la fois.

Poser la question magique

Avant de déménager, que peut faire Bri pour se faciliter les choses par la suite ? Elle peut :

- bien étiqueter ses cartons pour faciliter le déballage ;
- réfléchir à des recettes réconfortantes et emballer séparément les ustensiles de cuisine servant à les préparer ;
- repérer l'épicerie, le café et la boulangerie les plus proches avant le grand chambardement du déballage des cartons.

Voguer au gré des saisons de la vie

S'il y a des gens qui comprennent l'importance de se laisser porter par les saisons, ce sont les militaires.

Bri a le droit d'être triste de ne pas avoir eu l'occasion, depuis des décennies, de se créer de racines dans un lieu précis. Mais elle peut trouver une nouvelle façon de s'ancrer. Son mari fait un métier qui le passionne, elle est toujours partante pour de nouvelles aventures et cette période à venir promet plein de nouveautés et de relations.

En décidant de voguer au gré des saisons de sa vie et de ne pas regretter ce qui lui manque, elle accepte sa situation avec gratitude.

Instaurer de bonnes routines

Il est difficile de s'installer dans un autre endroit. Quand le découragement frappe à la porte, on préfère rester à la maison et oublier qu'une nouvelle ville nous attend.

Pourtant, Bri sait qu'apprendre à connaître ce nouveau lieu et se l'approprier est important pour elle. C'est pourquoi elle peut se construire une routine qui lui permettra d'adopter un état d'esprit ouvert et curieux, plutôt que de se replier. Elle peut par exemple prendre l'habitude d'aller à pied jusqu'au café le plus proche de chez elle au lieu de se faire un café à la maison. Cette simple idée lui permettra de sortir et lui rappellera la joie de découvrir de nouvelles choses.

Elle se sent peut-être aussi submergée par l'amas de cartons qui restent encore à déballer. Elle peut donc prendre l'habitude de ranger une chose chaque fois qu'elle entre dans une pièce. C'est une petite habitude très efficace qui servira aussi quand viendra le moment de s'attaquer à des tâches de plus grande ampleur.

Fixer des règles

Bri remarque que le découragement la gagne lorsqu'elle passe plusieurs jours sans parler à d'autres personnes que Jeremy. Elle a besoin d'interactions, mais il est difficile de trouver le courage d'en rechercher dans une nouvelle ville, surtout quand il reste tant d'autres choses à faire.

Instituons une nouvelle règle : Bri ne restera pas deux jours sans dire à une personne inconnue (mais sans se mettre en danger) qu'elle est nouvelle dans le quartier et qu'elle aimerait qu'on lui conseille des lieux pour prendre un café ou manger thaï.

Il est peu probable que Bri se fasse ainsi des amis pour la vie, mais elle se sentira sans doute plus légère grâce à ce simple échange.

Mettre chaque chose à sa place

L'avantage de s'installer dans un nouveau chez-soi, c'est que cela permet de redémarrer à zéro et de donner une place à chaque chose. Le problème quand on emménage quelque part, c'est que rien n'a encore de place attitrée. Il faut quand même voir le bon côté : c'est l'occasion de choisir délibérément où mettre chaque objet.

Bri sera peut-être tentée de fourrer toutes ses affaires dans les placards et commodes pour s'en occuper plus tard, mais elle risque de le regretter rapidement. Même si cela prend plus de temps et que c'est un peu fastidieux, ma méthode consistera dans le cas de Bri à prendre le temps de mettre chaque chose à sa place. Elle en récoltera les fruits bien plus vite qu'elle ne le pense.

S'ouvrir aux autres

Voilà un principe difficile à mettre en œuvre quand on arrive dans une nouvelle ville. Comment inviter des gens quand on ne connaît personne ?

Tout d'abord, Bri peut inviter d'anciens amis. Elle n'est pas obligée de garder sa solitude pour elle, elle peut s'ouvrir de ses difficultés. Ensuite, elle peut prendre le petit risque de faire le premier pas et d'inviter une nouvelle personne à dîner. Un voisin, quelqu'un qu'elle aura rencontré au sport ou lors d'une activité, ou même une femme qui fait la queue avec elle et commande le même café.

Ce principe est sans doute le plus dur à appliquer quand on emménage dans une nouvelle ville, mais c'est parce que c'est l'un des plus importants. Pour s'intégrer, il faut laisser des gens entrer dans notre vie.

Bri peut commencer petit en faisant le premier pas.

Rationaliser

Le déballage de cartons est une belle occasion de pratiquer la rationalisation. Bri peut vider un carton entier et trier les objets selon leur destination plutôt que de les sortir et de les ranger un par un.

Réduire à l'essentiel

Il est probable que Bri ait déjà réduit à l'essentiel ses possessions lorsqu'elle a quitté son ancien domicile, en n'emportant que ce qui lui était vraiment important. Un déménagement est l'occasion parfaite pour faire ce tri et ne conserver que ce qui est primordial.

Faire les choses dans l'ordre

Rappelez-vous que pour faire les choses dans le bon ordre, on commence toujours par identifier ce qui est important, puis on calme le jeu, avant de se faire confiance.
Pour Bri et son mari, l'important consiste à la fois à prendre contact avec leurs voisins et à se sentir chez eux.
Comment trouver la sérénité à ce sujet ? La difficulté dans leur cas réside dans certaines craintes : ont-ils choisi la bonne maison, dans le bon quartier ? « Et si nous choisissons mal ? Et si nous sélectionnons une maison et qu'ensuite nous regrettions d'avoir retenu ce quartier ? »
Pour calmer leurs craintes, ils décident de loger dans plusieurs Airbnb situés dans leurs quartiers préférés, durant leurs premières semaines dans la ville. Cela peut paraître contre-intuitif et encore plus stressant, mais si le choix du quartier leur importe tant, cela les rassurera[44].

Programmer des temps de repos

C'est un point capital quand on arrive dans un nouvel endroit. Bri est à la fois fatiguée physiquement par le voyage et l'ouverture des cartons, et psychologiquement à cause du stress dû à tous ces changements.
La solution : du repos. Elle peut se programmer un jour par semaine pour faire une pause, quelle que soit la longueur de sa to-do list. Elle et son mari ont la possibilité de s'octroyer deux soirées dans la semaine pour promener le chien dans le quartier, avec pour seul but de passer du temps ensemble.

44. Soit dit en passant, Bri est une vraie personne de ma connaissance, et elle procède véritablement de cette manière. C'est tellement futé que je n'en reviens toujours pas.

En laissant au repos une part adéquate, Bri sera davantage en mesure d'accueillir ce qui lui tient à cœur (sa santé mentale) et se révélera même plus productive ensuite, une fois qu'elle sera requinquée.

Être gentille avec soi-même

Voici un point sur lequel mes principes font merveille.
Un déménagement, c'est beaucoup de pression, parfois invisible : celle de se faire rapidement des amis, le désir de se créer un intérieur qui reflète sa personnalité, la gestion de la transition.
Et tout ne se passera sans doute pas comme Bri l'espère. Elle regrettera peut-être son mode de vie, et ressentira solitude, frustration et pensées amères.
C'est le moment de faire preuve de gentillesse envers elle-même. D'estimer la personne qu'elle est, ainsi que sa situation actuelle. De repérer ces petites conversations près de la boîte à lettres avec le voisin ou les fois où elle réussit à se rendre au supermarché sans GPS. Qu'elle n'hésite pas, chaque fin de semaine, à trinquer à cette aventure avec son mari.
Cette bienveillance envers elle-même l'aidera à se montrer à son tour meilleure envers autrui.

Concilier astuce et lâcher-prise au quotidien

La démarche que j'ai présentée n'est pas un système complexe incluant des dizaines d'éléments fluctuants. La moitié de ces principes ont plus d'incidence sur le moral de Bri que les choix concrets qu'elle pourrait faire.

En passant ces points en revue, je me dis qu'emménager dans une nouvelle ville est quand même une sacrée aventure, jalonnée de difficultés, de frustrations et de premiers pas intimidants. Cependant, ma méthode permet de mettre en exergue ce qui lui tient à cœur, plutôt que ce qu'elle se sentirait *obligée* de faire.
Ne cherchez pas à mettre en place un système complexe. Considérez simplement votre situation à l'aune de ces principes et voyez ce qui en ressort.

Étude de cas rapide : apprendre à cuisiner

Imaginons que vous ayez envie d'entreprendre une nouvelle activité, comme la cuisine, mais que, rien que d'y penser, la tâche vous paraisse trop vaste. Au lieu d'abandonner avant même d'avoir commencé, recourez dès le départ à ma méthode.

Décidez une fois pour toutes

Préparez les six mêmes recettes jusqu'à ce que vous ayez gagné en confiance.

Commencez petit

N'ayez pas honte de débuter avec les bases : par exemple, cuire des pâtes.

Posez la question magique

Préparez vos ingrédients le matin pour ne pas avoir à courir le soir et pouvoir vous consacrer tranquillement à la cuisson.

Voguez au gré des saisons de la vie

Acceptez d'avoir vos jeunes enfants dans les jambes. Optez pour les barbecues l'été et les plats mijotés l'hiver.

Instaurez de bonnes routines

Chaque matin pendant que vous préparez votre café, prévoyez ce que vous ferez pour le dîner.

Fixez des règles à la maison

Enfilez un tablier avant de vous mettre aux fourneaux afin de vous mettre en condition.

Mettez chaque chose à sa place

Faites en sorte d'avoir facilement accès à vos ustensiles de cuisine, pour vous faciliter la tâche au moment d'apprendre une nouvelle recette.

Ouvrez-vous aux autres

Invitez des gens même si vous pensez que vos talents culinaires ne sont pas encore assez développés. Ce n'est pas le plus important.

Rationalisez

Si couper des légumes est une corvée, préparez tout en une fois le dimanche pour ne plus avoir à y penser le reste de la semaine.

Réduisez à l'essentiel

N'achetez pas quinze nouvelles casseroles. Une ou deux suffisent amplement.

Faites les choses dans l'ordre

Vous avez besoin d'une ambiance sereine et apaisée pour cuisiner. Calmez le jeu en abaissant vos exigences et faites-vous confiance.

Programmez des temps de repos

Ne cuisinez pas tous les jours. Il est bon de faire des pauses.

Soyez gentille avec vous-même

Il n'est pas facile d'acquérir de nouveaux savoir-faire. N'hésitez pas à célébrer vos compétences actuelles sans vous laisser décourager par ce qui vous reste à apprendre.

Quelques dernières remarques

J'aurais deux choses à ajouter avant de terminer.

Premièrement, ne culpabilisez pas d'aimer ce que vous aimez. Si manger à l'extérieur, sortir, faire de nouvelles rencontres et faire la fête vous importe, ne vous imaginez pas que ça a moins de valeur qu'inviter des gens à la maison et se coucher à neuf heures. Tout est important parce que nous sommes toutes importantes, et que chaque personne aime différentes choses. Identifiez ce qui compte pour *vous*.

Deuxièmement, vous êtes merveilleuse telle que vous êtes. Cessez de vouloir devenir une personne idéale, de porter un fardeau inutile. Arrêtez de faire tous ces efforts pour mériter l'amour de votre entourage. Vous le méritez comme vous êtes.

***

Retournons maintenant à la plage.
Au lieu de vous munir d'une pelle et d'un seau, prenez votre fauteuil de plage. Marchez lentement jusqu'au bord de l'eau, enfoncez le siège dans le sable et asseyez-vous. Ne bougez plus. Sentez les vagues, une à une, vous ancrer lentement dans le sable, dans le moment présent. Ne demandez pas aux vagues de venir plus vite, ni au sable de se creuser plus rapidement autour de vous. Reposez-vous en silence. Accueillez cette immobilité et la beauté de l'immensité.
L'une des choses que j'apprécie le plus à la plage, c'est le fait que ce soit à la fois bruyant et silencieux. Le vent et les vagues font tant de bruit qu'ils couvrent les voix et les rires, et pourtant ils comptent parmi les sons les plus apaisants que je connaisse. Comme une douce sauvagerie.
Pas de trou à creuser, pas de seaux, pas besoin de regarder autour de nous ce que font les autres. Plus nous restons assis longtemps et plus nous nous ancrons, plus nous ressentons l'envie d'inviter d'autres amies fatiguées à nous rejoindre.
Imaginez : nous formons peu à peu une génération de femmes en paix avec elles-mêmes, qui s'encouragent les unes les autres à se rapprocher de ce qu'elles sont au plus profond d'elles, et à écarter ce qui les gêne. J'ai envie de ce monde-là.
Cessez de vous démener autant, mes amies.
Cessez de vous escrimer à vouloir tout faire.
Vous n'avez pas été conçues pour passer votre vie à courir vers une ligne d'arrivée qui recule constamment.
Vous êtes fatiguées parce que vous essayez de conquérir le monde entier, mais soyez rassurées : vous êtes à la hauteur.
Je vous remercie du fond du cœur. C'est un honneur d'avoir pu entrer dans votre vie grâce à ce livre.
Je vous offre mon ancrage.

Remerciements

Je pensais que l'écriture des remerciements serait le plus facile après la rédaction de ce livre. En fait, remercier toutes les personnes qui m'ont accompagnée durant ce projet s'avère particulièrement difficile : je n'ai tout simplement pas assez de mots pour exprimer correctement toute ma reconnaissance.

Tout d'abord, merci à ma formidable communauté en ligne. Ce livre vous appartient et n'aurait pas existé sans vous. Merci d'écouter mes podcasts, de préparer ma recette du « poulet qui change la vie », et de m'adresser des encouragements qui me sont plus précieux que ne pouvez l'imaginer. Je vous remercie pour votre gentillesse, vos questions et votre talent pour illustrer vos messages Instagram de GIF « James McAvoy » parfaits. Vous êtes super. J'aimerais pouvoir préparer des cookies pour vous tous.

Un immense merci à l'équipe de WaterBrook : à Susan Tjaden d'avoir peaufiné mes textes, à Johanna Inwood de s'être souciée du concept plus que des chiffres de vente, à Lisa Beech et Chelsea Woodward d'avoir travaillé d'arrache-pied pour que mon message vous parvienne, ainsi qu'à toutes les autres personnes que je n'ai jamais rencontrées et qui ont néanmoins œuvré à donner vie à ce livre. Merci, merci, merci.

Lisa Jackson, tu as été un tel soutien pour moi. Merci d'avoir supporté mes messages vocaux sans queue ni tête, d'avoir cru en moi lorsque je pensais être dans l'impasse, et d'être non seulement mon agente, mais aussi une amie.

Leah Jarvis, tu es le vent qui me porte. Merci d'avoir quitté ton emploi pour travailler avec moi, de connaître mon cerveau parfois mieux que moi, et d'être une personne si agréable. C'est un honneur que de t'avoir à mes côtés.
Emily P. Freeman, je ne sais vraiment pas comment je ferais sans toi. Merci de mettre des noms sur ce que je ne parviens pas à nommer et de voir ce que je ne vois pas, du domaine de la parentalité à celui de l'écriture, en passant par tout ce qu'il y a entre les deux. Tu as été ma porte menant au pays d'Oz, ce monde coloré et étrange de l'écriture qui m'a permis d'être moi-même plus que je ne l'aurais cru possible. Le travail que je fais, la personne que je suis devenue, les rêves que j'ai réalisés n'auraient pas vu le jour sans toi. Tu es si précieuse, je t'adore.
Jamie B. Golden, que ce serait-il passé si je ne t'avais jamais envoyé ce mail dans lequel je me suis présentée comme ton amie ? Que mon monde serait triste sans ta présence. Tu as été une surprise, tu m'as appris la valeur de la célébration et du potentiel. Tu es aussi la personne la plus drôle que je connaisse, et je n'en suis que meilleure grâce à ton amitié.
Bri McKoy et Laura Tremaine, qui avec Jamie avez constitué un groupe de choc, merci de m'avoir écoutée parler tant et plus de choses vraiment peu importantes, de m'avoir aidée à régler mes problèmes professionnels, et de m'envoyer des copies d'écran des classements de mes podcasts sur iTunes, par pur esprit de célébration. Les filles, vous êtes les meilleures, je vous aime tant !
Myquillyn Smith, Caroline Teselle, Tsh Oxenreider et Emily P. Freeman, merci d'être mon refuge et de m'accueillir sans honte lorsque je me sens incapable. Votre sagesse à toutes, depuis des années, est tellement immense qu'elle en est ahurissante. Je vous suis si reconnaissante pour les heures, les week-ends, les conversations que nous avons eus, de la Caroline du Nord à Londres, et qui ont façonné autant mon travail que ma vie. J'ai beaucoup de chance de vous avoir pour amies.

Erin Moon, tu es la fille la plus cool d'Internet et la plus grande muse que j'aurais pu demander. Tu as apporté plus de clarté dans mon travail et de joie dans ma vie que tu en as conscience. Je suis tellement contente que la Toile nous ait réunies.

Knox McCoy, vous êtes un éditeur épatant, et vos encouragements tout au long de ce projet ont été précieux. Merci d'être si compétent et de m'avoir adressé des remarques aussi pertinentes sur mes textes, tout en étant une personne aussi sympathique.

Anne Bogel, votre suivi a été réalisé avec un timing stupéfiant. Merci de m'avoir encouragée avec autant de confiance.

À tous les musiciens qui m'ont accompagnée tout au long de ce projet : Penny & Sparrow, Songs of Water, Slow Meadow, The Gloaming, Yasmin Williams, Ólafur Arnalds et Balmorhea, vous avez ma gratitude la plus profonde. Je ne suis pas moi-même sans musique, alors merci de m'aider à me sentir d'aplomb quand la situation part en vrille.

À mon groupe paroissial, ma précieuse et incroyable famille de Hope Chapel : votre amitié ne pouvait pas tomber plus à pic et je n'en reviens pas de passer des moments si extra avec vous. Je vous aime !

Elizabeth et Charlie Swing, Andraya et Daniel Northrup, et Griffin et Erin Kale, merci de m'avoir encouragée de manière si inattendue. Vous êtes de formidables amis.

Jason et Alisa Windsor, je n'oublierai jamais que je travaillais sur ce livre quand vous avez reçu l'appel vous disant qu'Alistair vous était confié. Quel bonheur de vous avoir comme amis, de savoir à quel point tous les deux croyez en mon travail que vous avez encouragé durant si longtemps, et d'avoir traversé ensemble ces années dingues qui viennent de passer. Je vous aime tous les deux, et Dieu soit loué d'avoir placé ce beau bébé dans vos bras.

Hannah Van Patter, merci pour les petits mots sur mon bureau, le gâteau pour mon anniversaire, les dîners en famille les jours de charrette, et ta belle et loyale amitié. Je te suis plus que

reconnaissante pour tes attentions. Michael, je trinque à tous nos moments geek autour d'une pizza, merci de m'avoir construit ce mur. Toute la famille apprécie tellement la tienne, nous sommes ravis de continuer à faire un bout de chemin avec vous. Merci d'avoir fait le premier pas.
Maman et Jon, merci de me soutenir autant en tant que parents, d'avoir régulièrement prié pour moi durant ce projet, et d'être fiers de moi simplement pour qui je suis. Je vous aime tous les deux.
Tom et Seiko, merci d'avoir si souvent nourri Kaz et les enfants pendant que je travaillais et de m'avoir encouragée à suivre mes rêves. Vous êtes des beaux-parents formidables et je vous en suis reconnaissante.
À Luke, Hannah, Imi, Silas, Miles, Matt, Julie, Morgan, Ava, Kennedy, Emmaline, Jeremiah, Chris, Becky, Ivy, Tet, Kenji, Christine, Charis, Alana et Derek : quelle chance de vous avoir pour famille !
Hannah Kody, merci de connaître mes histoires mieux que moi-même, de m'aider à savoir comment me coiffer, de rire à des blagues que personne d'autre ne comprend, de me connaître intimement et de m'aimer encore davantage pour cela. En un mot, tu es la meilleure. Je t'aime comme une sœur (que tu es), mais tu es aussi mon amie.
Sam, Ben et Annie, vous êtes sans aucun doute possible les enfants les plus cools et les plus gentils qui soient. Je vous aime tellement que mon cœur pourrait exploser. Être votre maman est un honneur.
Kaz, si c'était à refaire, je te choisirais encore et encore et encore. Ton amour m'a rendue vivante et tu es mon refuge suprême. Je t'aime et le dernier de ma liste de remerciements est une poule mouillée.

Notes bibliographiques

Page 44 : James Clear, *Un rien peut tout changer !*, Larousse, 2019.

Page 92 : Gary Keller et Jay Papasan, *The One Thing : passez à l'essentiel*, Alisio, 2020, trad. Cédric Perdereau.

Page 138 : Brené Brown, *Cessez d'être parfait, soyez vous-même !*, Leduc, 2021, trad. Sabine Rolland.

Page 140 : Myquillyn Smith, *The Nesting Place*, Zondervan, 2014 (non traduit en français).

Page 175 : Greg McKeown, *L'Essentialisme : faire moins mais mieux ! L'art d'être réellement efficace*, Contre-dires, 2018, trad. Élisa Guenon.

Page 215 : Emily P. Freeman, « Sit Down on the Inside », épisode 62, *The Next Right Thing*, podcast, 16'40", https://emilypfreeman.com/podcast/the-next-right-thing/62

Page 225 : James Clear, *Ibid.*

Titre de l'édition originale : *The Lazy Genius Way*

L'édition originale a été publiée en association avec l'agence Alive Literary Agency, 7680 Goddard Street, Suite 200, Colorado Springs, CO 80920, www.aliveliterary.com

Version française
Direction : Didier Férat
Direction éditoriale : Lama Younès-Corm
Édition : Gwladys Greusard
Correction : Littopia
Couverture : Julia Philipps
Mise en pages : Littopia
Fabrication : Laurence Duboscq

Solar, un département d'Édi8
92 avenue de France - 75013 Paris
Tel : 01 44 16 09 00 / Courriel : info@lisez.com
Site Internet : www.lisez.com

ISBN : 978-2-263-19156-5 / Code éditeur : L19156/01
Dépôt légal : mai 2025
Achevé d'imprimer en France en avril 2025
par Normandie Roto Impression s.a.s. (2501526)